大方廣佛華嚴經第二十七卷變相

大方廣佛華嚴經

일러두기

1. 『대방광불화엄경 강설』 원문原文의 저본底本은 근세에 교정이 가장 잘 되었다고 정평이 나 있는 대만臺灣의 불타교육기금회佛陀教育基金會에서 출판한 『화엄경소초華嚴經疏鈔』본입니다.

2. 『대방광불화엄경 강설』은 실차난타實叉難陀가 695년부터 699년까지 4년에 걸쳐 번역해 낸 80권본卷本 『대방광불화엄경』을 우리말로 옮기고 강설을 붙인 것입니다.

3. 『대방광불화엄경』은 애초 산스크리트에서 한역漢譯된 경전이지만 현재 산스크리트본은 소실된 상태입니다. 산스크리트를 음차한 경우 굳이 원래 소리를 표기하려고 하기보다는 『표준국어대사전』이나 『불교사전』 등에 등재된 한자음을 사용하는 것을 원칙으로 하였습니다.

4. 경문의 한글 번역은 동국역경원본을 참고하여 그대로 또는 첨삭을 하며 의미대로 번역하고 다듬었습니다.

5. 각 품마다 내용에 따라 단락을 나누고 제목을 달았습니다. 단락의 제목은 주로 청량淸凉스님의 견해에 기초하였고 이통현李通玄장자의 견해를 참고로 하였습니다.

6. 『대방광불화엄경 강설』의 발행 순서는 한역 경전의 편재 순서를 기준으로 하였고 각 권은 단행본 한 권씩으로 출간될 예정이며 모두 80권으로 완간됩니다. 다만 80권본에 빠져 있는 「보현행원품」은 80권본 완역 및 강설 후 시리즈에 포함돼 추가될 예정입니다.

7. 『대방광불화엄경 강설』 안에서 불교용어를 풀이한 것은 운허스님이 저술하고 동국역경원에서 편찬한 『불교사전』을 인용하였습니다.

8. 각주의 청량스님의 소疏는 대만에서 입력한 大方廣佛華嚴經 사이트의 것을 사용하였습니다.

9. 『대방광불화엄경 강설』 입법계품에 들어가는 문수지남도는 북송北宋시대 불국佛國선사가 선재동자가 53명의 선지식을 친견하여 법을 구하는 장면을 하나하나 그림으로 그린 것입니다.

대방광불화엄경 강설
제 27 권

二十五. 십회향품十廻向品 5

실차난타實叉難陀 한역
무비스님 강설

서문

부처님의 가르침이란 무엇입니까? 보시하고, 나누고, 베풀고, 회향하는 등 일체 선한 일이란 하나도 남김없이 앞장서서 다 하는 것이 부처님의 진정한 가르침입니다.

근래에 불교 일각에서 장기를 기증하여 생명을 나누자는 운동을 전개하며 많은 사람들에게 의료를 지원하는 일이 일어나고 있습니다. 또 가난한 나라에 우물을 파 주고 학교를 지어 주는 운동도 많이 펼치고 있습니다. 실로 참다운 불교를 실천하는 일입니다.

거듭 말하건대 불교는 오로지 보시입니다. 즉 보시로 회향하는 것이 불교입니다. 생명을 살리기 위한 보시 운동과, 기아에 허덕이는 사람들을 구제하는 보시 운동과, 기본적인 교육과 의료를 지원하는 보시 운동 등이 더욱 열렬히 펼쳐져야 할 것입니다.

십회향 중 제6 수순견고일체선근회향의 내용을 잠깐 살펴보겠습니다.

"불자들이여, 보살마하살이 법을 구할 적에 만약 어떤 사람이 말하기를 '그대가 살이 붙어 있는 손톱을 나에게 보시한다면 법을 그대에게 주리라.' 하거든, 보살이 대답하되 '다만 나에게 법을 주면 살이 붙어 있는 손톱을 마음대로 가져가라.' 하나니, 이는 법을 구하기 위한 연고며, 바른 법으로 중생들에게 열어 보이고 연설하여 이익케 하며 일체 중생들로 하여금 다 만족함을 얻게 하려는 연고로 살이 붙어 있는 손톱을 구걸하는 이에게 주는 것이니라."라고 하였습니다.

이와 같이 정수리의 육계肉髻를 보시합니다. 눈을 보시합니다. 귀와 코를 보시합니다. 치아를 보시합니다. 혀를 보시합니다. 머리를 보시합니다. 수족을 보시합니다. 몸에서 피를 내어 보시합니다. 골수를 보시합니다. 심장을 보시합니다. 창자와 신장과 간과 폐를 보시합니다. 팔다리를 보시합니다. 몸의 가죽을 보시합니다. 몸을 불구덩이에 던져 보시합니다. 처자 권속과 왕의 지위를 보시합니다. 살생하는 업을 금하게 하여 보시합니다.

내 마음이 허락하는 데까지라도 보시합시다. 자신이 알고 있는 법을 보시합시다. 작은 것이라도 사정이 되면 재물을 보시합시다. 두려워하고 불안해하는 사람에게 위로하여 보시합시다. 또 재물이 들지 않는, 웃는 얼굴을 하고 친절한 말을 하고 자리를 양보하는 등의 일곱 가지를 보시합시다.

타 종교인에게도 집을 지어 주고 교회를 지어 주는 증엄證嚴스님처럼 차별 없이 보시합시다. 보시가 참다운 견성見性이고 보시가 참다운 성불成佛입니다. 보시가 참다운 불법입니다.

2015년 5월 1일
신라 화엄종찰 금정산 범어사
如天 無比

대방광불화엄경 목차

대방광불화엄경 강설 제27권

二十五. 십회향품十廻向品 5

4. 금강당보살이 열 가지 회향을 설하다

8) 제6 수순견고일체선근회향

(6) 60종의 보시

대방광불화엄경 강설

제27권

二十五. 십회향품 5

4. 금강당보살이 열 가지 회향을 설하다

8) 제6 수순견고일체선근회향隨順堅固一切善根迴向

(6) 60종의 보시

26〉 정수리의 육계肉髻를 보시하다

불자 보살마하살 보시걸자연부정계
佛子야 菩薩摩訶薩이 布施乞者連膚頂髻호대

여보계왕보살 승묘신보살 급여무량제보
如寶髻王菩薩과 勝妙身菩薩과 及餘無量諸菩

살등
薩等하야

"불자들이여, 보살마하살이 구걸하는 이에게 살갗이 붙은 정수리의 육계肉髻를 보시하되, 보계왕寶髻王보살과 승묘신勝妙身보살과 다른 한량없는 여러 보살들과 같이 하느니라."

십회향품十廻向品의 다섯 번째 권이다. 그리고 십회향 중 제6 수순견고일체선근회향의 내용이 계속되고 있다. 이 회향에서 열거하는 60종의 보시 중 26번째, 정수리의 육계肉髻를 보시하여 회향하는 내용이다. 보계왕寶髻王보살과 승묘신勝妙身보살과 다른 한량없는 여러 보살이 살갗이 붙은 정수리의 육계肉髻를 보시한 어떤 전례가 있는지는 알 길이 없다. 그러나 이런 일을 하였다니 가슴이 저려 온다. 이와 같은 보시를 계속해서 열거하는 것은 보살의 마음을 감동시키려는 것이리라.

보살 시시 견걸자래 심생환희 이어
菩薩이 是時에 見乞者來하고 心生歡喜하야 而語

지언 여금약수연부정계 가취아취 아
之言호대 汝今若須連膚頂髻인댄 可就我取하라 我

차 정 계　염 부 제 중　최 위 제 일
此頂髻가 **閻浮提中**에 **最爲第一**이라하니라

"보살이 그때에 구걸하는 이가 오는 것을 보고는 환희한 마음으로 말하기를 '그대가 지금 만약 살갗이 붙은 육계를 요구하거든 나에게 와서 가져가라. 나의 육계는 남섬부주에서 가장 제일이니라.' 라고 하느니라."

살갗이 붙은 육계를 요구하거나 돈을 요구하거나, 무엇이든 필요로 하는 것을 요구하러 왔을 때에 사람을 차별하지 않고 기쁜 마음으로 환영하면서 "나에게 많이 있다. 내 것이 참 좋다. 얼마든지 주겠다."와 같이 말하며 보시하는 것은 참으로 훌륭한 보살이리라. 우리는 언제쯤이나 이와 같은 말을 할 수 있을까.

작 시 어 시　심 무 동 란　불 념 여 업　사 리
作是語時에 **心無動亂**하야 **不念餘業**하며 **捨離**
세 간　지 구 적 정　구 경 청 정　정 근 질 직
世間하고 **志求寂靜**하야 **究竟淸淨**하며 **精勤質直**하야

향일체지 변집이도 할기두상 연부정
向一切智하고 便執利刀하야 割其頭上에 連膚頂

계 우슬착지 합십지장 일심시여
髻하야 右膝着地하고 合十指掌하야 一心施與하며

"이렇게 말할 적에 마음이 어지럽지도 않고 다른 일을 생각지도 않으며, 세간을 버리고 고요함을 구하며, 끝까지 청정하여 정근하고 순박하고 올곧아서 일체 지혜에 향하는 것이며, 문득 날카로운 칼을 들고 정수리에서 살갗이 붙은 육계를 베어 들고, 오른 무릎을 땅에 대고 합장하여 일심으로 보시하느니라."

아무리 중생만을 위해서 사는 자비의 보살이라 하더라도 자신의 정상 육계를 날카로운 칼로 베어 들고, 오른 무릎을 땅에 대고 합장하여 일심으로 보시할 수 있겠는가. 그러면서 마음이 어지럽지도 않고 다른 일을 생각지도 않으며, 세간을 버리고 고요함을 구하며, 끝까지 청정하여 정근하고 순박하고 올곧을 수 있겠는가. 그러나 이와 같은 말씀만으로도 보살의 여린 가슴을 흔들어 놓기에 충분하다.

정념삼세일체제불보살소행　발대환희증
正念三世一切諸佛菩薩所行하야 發大歡喜增

상지락　어제법중　의선개해　불취어고
上志樂하며 於諸法中에 意善開解하야 不取於苦하야

요지고수　무상무생　제수호기　무유상주
了知苦受가 無相無生하며 諸受互起에 無有常住라

"삼세의 일체 모든 부처님과 보살들이 행하신 것을 생각하고 크게 환희함을 내어 좋아하는 생각이 더하며, 모든 법 가운데서 뜻이 환히 열리어 괴로움을 취하지 아니하며, 괴로운 감각[苦受]이 모양도 없고 나지도 않는 줄을 알며, 모든 감각이 번갈아 일어나고 항상 머물지 아니하느니라."

그러면서 보살은 삼세의 일체 모든 부처님과 보살들이 행하신 것을 생각하고 크게 환희함을 내어 좋아하는 생각만 하는 것이다.

시고 아응동거래금일체보살 수행대사
是故로 我應同去來今一切菩薩의 修行大捨하야

발심신락 구일체지 무유퇴전 불유타
發深信樂하야 求一切智하야 無有退轉이요 不由他

교선지식력 보살마하살 작시시시 이제
敎善知識力이니라 菩薩摩訶薩이 作是施時에 以諸

선근 여시회향
善根으로 如是廻向하나니라

"그러므로 나도 응당 과거 미래 현재의 일체 보살들과 같이 크게 버리는 일을 닦아서 깊이 믿고 좋아하는 마음을 내고, 일체 지혜를 구하여 퇴전하지 않으며, 다른 이의 가르침을 의지하지 않고 잘 아는 힘[善知識力]으로써 함이니라. 보살마하살이 이렇게 보시할 때에 모든 선근으로 이와 같이 회향하느니라."

보살이 정수리를 보시하면서 과거 미래 현재의 일체 보살들과 같이 크게 버리는 일을 닦아서 깊이 믿고 좋아하는 마음을 내면서 다시 아래와 같이 원을 세워 회향한다.

소위원일체중생 득무견정 성취보살여
所謂願一切衆生이 得無見頂하야 成就菩薩如

탑지계
塔之髻하며

"이른바 '원컨대 일체 중생이 볼 수 없는 정수리[無見頂]를 얻어 보살의 탑과 같이 여기는 상투를 성취하여지이다.' 라고 하느니라."

원일체중생 득감청발 금강발 세연발
願一切衆生이 得紺青髮과 金剛髮과 細軟髮하야

능멸중생 일체번뇌
能滅衆生의 一切煩惱하며

"'원컨대 일체 중생이 검푸른 머리털과 금강金剛 같은 머리털과 보드라운 머리털을 갖게 되어 능히 중생의 일체 번뇌를 소멸하여지이다.' 라고 하느니라."

원일체중생 득윤택발 밀치발 불침빈액
願一切衆生이 得潤澤髮과 密緻髮과 不侵鬢額

발
髮하며

"'원컨대 일체 중생이 윤택한 머리털과 빽빽한 머리털과 귀 밑과 이마를 침범하지 않는 머리털을 갖게 되어지이다.' 라고 하느니라."

원일체중생　득유연발　진어빈액이생발
願一切衆生이 **得柔軟髮**과 **盡於鬢額而生髮**하며

"'원컨대 일체 중생이 유연한 머리털과 귀 밑과 이마를 피하여 나는 머리털을 갖게 하여지이다.' 라고 하느니라."

원일체중생　득여만자발　나문우선발
願一切衆生이 **得如卍字髮**과 **螺文右旋髮**하며

"'원컨대 일체 중생이 만卍 자와 같은 머리털과 소라 무늬처럼 오른쪽으로 도는 머리털을 가져지이다.' 라고 하느니라."

원일체중생 득불상발 영리일체번뇌결
願一切衆生이 **得佛相髮**하야 **永離一切煩惱結**

습
習하며

"'원컨대 일체 중생이 부처님의 머리털 같은 머리털을 가지고 일체 번뇌의 버릇을 떠나지이다.' 라고 하느니라."

원일체중생 득광명발 기광 보조시방
願一切衆生이 **得光明髮**하야 **其光**이 **普照十方**

세계
世界하며

"'원컨대 일체 중생이 빛나는 머리털을 가지어 그 광명이 시방세계에 비치어지이다.' 라고 하느니라."

원일체중생 득무난발 여여래발 정묘
願一切衆生이 **得無亂髮**하야 **如如來髮**의 **淨妙**

무 잡
無雜하며

"'원컨대 일체 중생이 헝클어지지 않는 머리털을 갖게 되어 여래의 두발頭髮이 깨끗하고 흐트러지지 않는 것과 같아지이다.' 라고 하느니라."

원일체중생 득성응공정탑지발 영기견
願一切衆生이 得成應供頂塔之髮하야 令其見

자 여견불발
者로 如見佛髮하며

"'원컨대 일체 중생이 공양을 받는 탑과 같은 머리털을 이루어 보는 이로 하여금 부처님의 두발을 보는 것 같게 하여지이다.' 라고 하느니라."

원일체중생 개득여래무염착발 영리일
願一切衆生이 皆得如來無染着髮하야 永離一

체암예진구
切闇翳塵垢니라

"'원컨대 일체 중생이 여래의 물들지 않는 머리털을 가지고 온갖 어두운 티끌을 영원히 여의어지이다.' 라고 하느니라."

시위보살마하살 시연부계시 선근회향
是爲菩薩摩訶薩의 施連膚髻時에 善根廻向이니

위령중생 기심적정 개득원만제다라니
爲令衆生으로 其心寂靜하야 皆得圓滿諸陀羅尼하야

구경여래 일체종지 십종력고
究竟如來의 一切種智와 十種力故니라

"이것이 보살마하살이 살이 붙은 육계肉髻를 보시할 때에 선근으로 회향하는 것이니라. 중생들로 하여금 그 마음이 고요하고, 모두 원만한 모든 다라니를 얻어, 여래의 일체 종지와 열 가지 힘을 끝까지 얻게 하려는 연고이니라."

오늘날의 장기 기증은 그 근원이 이와 같은 화엄경의 회향에서 비롯되었으리라 생각한다. 장기를 기증하고 본인이나 보호자가 바라는 바는 기증을 받는 사람들이 모두 건강을 되찾아 세상에 큰 보탬이 되는 사람이 되는 것이다. 보살은 중생들로 하여금 여래의 일체 종지와 열 가지 힘을 끝까지 얻게 하기 위해서 육계를 보시한다.

27〉 눈을 보시하다

불자 보살마하살 이안 보시제래걸자
佛子야 **菩薩摩訶薩**이 **以眼**으로 **布施諸來乞者**

여환희행보살 월광왕보살 급여무량제
호대 **如歡喜行菩薩**과 **月光王菩薩**과 **及餘無量諸**

보살등 소행혜시
菩薩等의 **所行惠施**하야

"불자들이여, 보살마하살이 눈으로 구걸하는 이에게 보시할 적에 환희행歡喜行보살과 월광왕月光王보살과 다른 무량한 보살들이 보시를 하던 일과 같이 하느니라."

60종의 보시 가운데 27번째는 눈의 보시다. 환희행歡喜行보살과 월광왕月光王보살과 다른 무량한 보살들의 보시 사연은 알 수 없으나 눈이 어두운 사람을 대신한 여러 가지 보시를 생각하게 한다. 돋보기나 기타 시력이 떨어진 사람에게 알맞은 안경을 보시하는 것도 일종의 눈을 보시하는 일이라고 할 수 있다. 요즘에는 시력을 좋게 하는 수술도 많은데 역시 눈을 보시하는 범주에 들 것이다.

보살마하살 보시안시 기청정시안심
菩薩摩訶薩이 布施眼時에 起淸淨施眼心하며
기청정지안심 기의지법광명심 기현관
起淸淨智眼心하며 起依止法光明心하며 起現觀
무상불도심 발회향광대지혜심 발여삼
無上佛道心하며 發迴向廣大智慧心하며 發與三
세보살평등사시심 발어무애안 기불괴정
世菩薩平等捨施心하며 發於無礙眼에 起不壞淨
신심 어기걸자 기환희섭수심
信心과 於其乞者에 起歡喜攝受心하나니라

"보살마하살이 눈을 보시할 적에 보시하는 눈을 청정히 하려는 마음을 일으키며, 지혜의 눈을 청정히 하려는 마음을 일으키며, 법의 광명을 의지하려는 마음을 일으키며, 위없는 부처님의 도道를 환하게 보려는 마음을 일으키며, 광대한 지혜에 회향하는 마음을 일으키며, 삼세의 보살들과 더불어 평등하게 보시하려는 마음을 내며, 장애 없는 눈을 내는 데 깨끗한 신심을 깨뜨리지 않는 마음을 일으키며, 구걸하는 이에게 환희하게 섭수하는 마음을 일으키느니라."

보살이 눈을 보시할 때에 일으키는 마음을 열거하였다. 보시하는 눈과 지혜의 눈을 청정하게 하려는 마음을 일으키며, 법의 광명을 의지하고 부처님의 도道를 환하게 보려는 마음을 일으킨다. 또 구걸하는 이에게 환희하게 섭수하는 마음을 일으키는 내용도 있다. 자신에게 구걸하러 오는 사람을 환희하는 마음으로 섭수하는 것이 보살의 마음이다. 보시하러 오는 사람을 대하는 마음으로 구걸하러 오는 사람을 대해야 할 것이다.

위 구 경 일 체 신 통 고　위 생 불 안 고　위 증 광
爲究竟一切神通故며 **爲生佛眼故**며 **爲增廣**

대보리심고 위수습대자비고 위제복육근고
大菩提心故며 爲修習大慈悲故며 爲制伏六根故로

어여시법 이생기심
於如是法에 而生其心이니라

"일체 신통을 끝까지 얻기 위함이며, 불안佛眼을 내게 하기 위함이며, 큰 보리심을 증장하기 위함이며, 대자비심을 닦기 위함이며, 육근六根을 조복하기 위한 연고로 이와 같은 법에 마음을 내느니라."

왜 보살이 눈을 보시할 때에 위에서 열거한 마음을 일으키는가. 신통을 얻고, 불안佛眼을 내고, 큰 보리심을 증장하고, 대자비심을 닦고, 육근六根을 조복하기 위하여 이와 같은 법에 마음을 일으킨다.

불자 보살마하살 보시안시 어기걸자
佛子야 菩薩摩訶薩이 布施眼時에 於其乞者에

심생애락 위설시회 증장법력 사리세
心生愛樂하야 爲設施會호대 增長法力하야 捨離世

간애견방일　제단욕박　수습보리　수피
間愛見放逸하며 **除斷欲縛**하고 **修習菩提**하며 **隨彼**

소구　심안부동　불위기의　개령만족
所求하야 **心安不動**하며 **不違其意**하야 **皆令滿足**하야

이상수순무이사행　이차선근　여시회향
而常隨順無二捨行하고 **以此善根**으로 **如是廻向**

하나니라

"불자들이여, 보살마하살이 눈을 보시할 때에 구걸하는 이에게 좋아하는 마음을 내고, 보시하는 모임을 베풀어 법의 힘을 증장하며, 세간의 애착하는 소견과 방일함을 버리고 탐욕의 속박을 끊으며, 보리를 닦아서 그들의 요구함을 따르되, 마음이 동요하지 아니하고 그들의 뜻을 거스르지 아니하여 모두 만족케 하면서도 둘이 없이 버리는 행行을 항상 따르느니라. 이런 선근으로 이와 같이 회향하느니라."

눈을 보시할 때에만 해당되는 것이 아니고 일체 모든 보시에 반드시 이와 같이 해야 하므로 다시 복습한다. "구걸하는 이에게 좋아하는 마음을 내고, 보시하는 모임을 베풀

어 법의 힘을 증장하며, 세간의 애착하는 소견과 방일함을 버리고 탐욕의 속박을 끊으며, 보리를 닦아서 그들의 요구함을 따르되, 마음이 동요하지 아니하고 그들의 뜻을 거스르지 아니하여 모두 만족케 하느니라." 눈이 필요한 사람에게 눈을 보시하는 것보다 더 훌륭한 불법이 어디에 있겠는가마는 이러한 선근의 정신으로 아래에는 다시 더 나아가는 발원으로 회향한다.

소위원일체중생 득최승안 시도일체
所謂願一切衆生이 **得最勝眼**하야 **示導一切**하며

"이른바 '원컨대 일체 중생이 가장 좋은 눈을 얻어 모든 이를 인도하여지이다.' 라고 하느니라."

원일체중생 득무애안 개광지장
願一切衆生이 **得無礙眼**하야 **開廣智藏**하며

"'원컨대 일체 중생이 장애 없는 눈을 얻어 넓은 지혜의 장을 열어지이다.' 라고 하느니라."

원일체중생 득정육안 광명감철 무
願一切衆生이 得淨肉眼하야 光明鑑徹하야 無

능폐자
能蔽者하며

"'원컨대 일체 중생이 청정한 육안肉眼을 얻어 광명으로 비치는 것을 능히 가릴 이가 없어지이다.' 라고 하느니라."

원일체중생 득정천안 실견중생 생사
願一切衆生이 得淨天眼하야 悉見衆生의 生死

업과
業果하며

"'원컨대 일체 중생이 청정한 천안天眼을 얻어 중생의 나고 죽는 업業과 과보를 다 보아지이다.' 라고 하느니라."

원일체중생 득정법안 능수순입여래경
願一切衆生이 得淨法眼하야 能隨順入如來境

계
界하며

"'원컨대 일체 중생이 청정한 법안法眼을 얻어 여래의 경계에 순응하여 들어가지이다.' 라고 하느니라."

원일체중생 득지혜안 사리일체분별취
願一切衆生이 得智慧眼하야 捨離一切分別取

착
着하며

"'원컨대 일체 중생이 지혜안智慧眼을 얻어 모든 분별과 집착을 버려지이다.' 라고 하느니라."

원일체중생 구족불안 실능각오일체제
願一切衆生이 具足佛眼하야 悉能覺悟一切諸

법
法하며

"'원컨대 일체 중생이 불안佛眼을 구족하여 일체 모든 법을 능히 깨달아지이다.' 라고 하느니라."

원일체중생 성취보안 진제경계 무
願一切衆生이 成就普眼하야 盡諸境界하야 無

소장애
所障礙하며

"'원컨대 일체 중생이 두루 보는 눈[普眼]을 성취하여 모든 경계를 당하여도 장애될 것이 없어지이다.' 라고 하느니라."

원일체중생 성취청정이치예안 요중생
願一切衆生이 成就清淨離癡翳眼하야 了衆生

계 공무소유
界가 空無所有하며

"'원컨대 일체 중생이 청정하여 어리석고 가림이 없는 눈을 성취하여 중생계가 텅 비어 아주 없는 것으로 알아지이다.' 라고 하느니라."

원일체중생 구족청정무장애안 개득구
願一切衆生이 具足清淨無障礙眼하야 皆得究

경 여 래 십 력
竟如來十力이니라

"'원컨대 일체 중생이 청정하고 막힘이 없는 눈을 구족하여 여래의 십력을 끝까지 얻어지이다.' 라고 하느니라."

시 위 보 살 마 하 살 보 시 안 시 선 근 회 향
是爲菩薩摩訶薩의 **布施眼時**에 **善根廻向**이니

위 령 중 생 득 일 체 지 청 정 안 고
爲令衆生으로 **得一切智淸淨眼故**니라

"이것이 보살마하살이 눈을 보시할 때에 선근으로 회향하는 것이니라. 중생들로 하여금 일체 지혜의 청정한 눈을 얻게 하려는 연고이니라."

보살이 눈을 보시하여 회향하는 설법을 모두 마쳤다. 근래에 일부에서 생명을 나누자는 운동을 전개하여 많은 사람들에게 장기를 기증하는 일이 벌어지고 있다. 불교는 오로지 보시이다. 즉 보시가 불교다. 생명을 살리기 위한 보시 운동이 더욱 열렬히 펼쳐져야 할 것이다.

28〉 귀와 코를 보시하다

불자　보살마하살　능이이비　시제걸자
佛子야 **菩薩摩訶薩**이 **能以耳鼻**로 **施諸乞者**호대

여승행왕보살　무원승보살　급여무량제보
如勝行王菩薩과 **無怨勝菩薩**과 **及餘無量諸菩**

살등　보시지시　친부걸자　전심수습제
薩等하야 **布施之時**에 **親附乞者**하야 **專心修習諸**

보살행
菩薩行하며

"불자들이여, 보살마하살이 귀와 코를 구걸하는 이에게 보시하기를, 마치 승행왕勝行王보살과 무원승無怨勝보살과 다른 무량한 보살들과 같이 하나니, 보시할 적에 구걸하는 이에게 친근하여 오롯한 마음으로 보살의 행을 닦느니라."

다음은 귀와 코를 보시하여 회향하는 설법이다. 승행왕勝行王보살과 무원승無怨勝보살과 다른 무량한 보살들이 귀와 코를 보시한 전례가 있으나 자세한 사연은 알 길이 없다. 보살은 귀와 코를 보시할 적에 구걸하는 이에게 친근하여 오롯한 마음으로 보살의 행을 닦는다.

구불종성 생여래가 염제보살 소수
具佛種性하야 生如來家하며 念諸菩薩의 所修

시행 상근발기제불보리 청정제근공덕
施行하야 常勤發起諸佛菩提하며 清淨諸根功德

지혜 관찰삼유 무일견고 원상득견제불
智慧로 觀察三有가 無一堅固하며 願常得見諸佛

보살 수순억념일체불법 지신허망 공
菩薩하야 隨順憶念一切佛法하며 知身虛妄이라 空

무소유 무소탐석
無所有하야 無所貪惜이니라

"부처님의 종성種性을 갖추어 여래의 집에 태어나며, 모든 보살들이 닦던 보시하는 행을 생각하며, 모든 부처님의 보리를 항상 부지런히 일으키며, 청정한 모든 근根의 공덕과 지혜로 삼유三有가 하나도 견고하지 않은 줄을 관찰하고, 부처님과 보살을 항상 뵈옵기를 원하며, 일체 부처님의 법을 따라서 생각하며, 몸이 허망하여 텅 비어 없는 줄을 알고 탐하여 아끼지 아니하느니라."

보살이 귀와 코를 보시하여 보살행을 닦으므로 무엇보다 먼저 부처님의 종성種性을 갖추어 여래의 집에 태어나며,

모든 보살들이 닦던 보시하는 행을 생각하여 더욱 잘 회향하게 된다. 또한 중요한 것은 삼유三有가 하나도 견고하지 않은 줄을 관찰하고, 몸이 허망하여 텅 비어 없는 줄을 알고, 탐하여 아끼지 아니해야 자신의 생명이 아까운 줄 모르고 모든 것을 다 던져 중생을 위해 보시할 수 있게 된다.

보살 여시시이비시 심상적정 조복제
菩薩이 如是施耳鼻時에 心常寂靜하고 調伏諸
근 면제중생 험악제난 생장일체지혜공
根하야 勉濟衆生의 險惡諸難하며 生長一切智慧功
덕 입대시해 요달법의 구수제도 의
德하야 入大施海하며 了達法義하야 具修諸道하며 依
지혜행 득법자재 이불견신 역견고신
智慧行하야 得法自在하며 以不堅身으로 易堅固身
불자 보살마하살 보시이시 이제선근
이니라 佛子야 菩薩摩訶薩이 布施耳時에 以諸善根
여시회향
으로 如是廻向하나니

"보살이 이와 같이 귀와 코를 보시할 적에 마음이 항

상 고요하여 모든 근을 조복하며, 중생들로 하여금 험악한 데서 제도하기를 힘쓰며, 온갖 지혜와 공덕을 생장케 하여 크게 보시하는 바다에 들어가며, 법과 이치를 통달하여 모든 도道를 갖춰 닦으며, 지혜의 행을 의지하여 법에 자재함을 얻고, 견고하지 못한 몸으로써 견고한 몸과 바꾸느니라. 불자들이여, 보살마하살이 귀를 보시할 때에 모든 선근으로 이와 같이 회향하느니라."

보살이 귀와 코를 보시할 때에 온갖 지혜와 공덕을 생장케 하여 크게 보시하는 바다에 들어가게 되고, 법과 이치를 통달하여 모든 도道를 갖춰 닦게 되며, 지혜의 행을 의지하여 법에 자재하게 된다. 다시 이와 같은 선근으로 회향하여 발원하는 내용을 아래에 밝혔다.

소위원일체중생 득무애이 보문일체설
所謂願一切衆生이 **得無礙耳**하야 **普聞一切說**

법지음
法之音하며

"이른바 '원컨대 일체 중생이 걸림이 없는 귀를 얻어

모든 설법하는 소리를 두루 듣기를 원하여지이다.' 라고 하느니라."

원일체중생 득무장이 실능해료일체음성
願一切衆生이 得無障耳하야 悉能解了一切音聲하며

"'원컨대 일체 중생이 막히지 않는 귀를 얻어 온갖 음성을 잘 알기를 원하여지이다.' 라고 하느니라."

원일체중생 득여래이 일체총달 무소옹체
願一切衆生이 得如來耳하야 一切聰達하야 無所壅滯하며

"'원컨대 일체 중생이 여래의 귀를 얻어 모든 것을 분명히 듣고 막힘이 없기를 원하여지이다.' 라고 하느니라."

원일체중생 득청정이 불인이처 생분별심
願一切衆生이 得淸淨耳하야 不因耳處하야 生分別心하며

"'원컨대 일체 중생이 청정한 귀를 얻어 귓바퀴를 인하지 않고도 분별을 내기를 원하여지이다.' 라고 하느니라."

원일체중생 득무롱외이 영몽매식 필경불생
願一切衆生이 得無聾聵耳하야 令蒙昧識으로 畢竟不生하며

"'원컨대 일체 중생이 어둡지 않은 귀를 얻어 귀먹는 일이 끝까지 생기지 않기를 원하여지이다.' 라고 하느니라."

원일체중생 득변법계이 실지일체제불법음
願一切衆生이 得徧法界耳하야 悉知一切諸佛法音하며

"'원컨대 일체 중생이 법계에 두루 하는 귀를 얻어 모든 부처님의 법문 소리를 모두 다 알기를 원하여지이다.' 라고 하느니라."

원일체중생 득무애이 개오일체무장애법
願一切衆生이 得無礙耳하야 開悟一切無障礙法하며

"'원컨대 일체 중생이 걸림이 없는 귀를 얻어 모든 장애가 없는 법을 깨닫기를 원하여지이다.' 라고 하느니라."

원일체중생 득무괴이 선지제론 무능괴자
願一切衆生이 得無壞耳하야 善知諸論하야 無能壞者하며

"'원컨대 일체 중생이 망가뜨릴 수 없는 귀를 얻어 모든 논리를 잘 알아 깨뜨릴 수 없기를 원하여지이다.' 라고 하느니라."

원일체중생 득보문이 광대청정 위
願一切衆生이 得普聞耳하야 廣大淸淨하야 爲

제이왕
諸耳王하며

"'원컨대 일체 중생이 두루 듣는 귀를 얻어 광대하고 청정하여 모든 귀의 왕이 되기를 원하여지이다.' 라고 하느니라."

원일체중생 구족천이 급이불이
願一切衆生이 具足天耳와 及以佛耳니라

"'원컨대 일체 중생이 하늘의 귀와 부처님의 귀를 구족하기를 원하여지이다.' 라고 하느니라."

시위보살마하살 보시이시 선근회향
是爲菩薩摩訶薩의 布施耳時에 善根廻向이니

위령중생 개실획득청정이고
爲令衆生으로 皆悉獲得淸淨耳故니라

"이것이 보살마하살이 귀를 보시할 때에 선근으로 회향하는 것이니라. 중생들로 하여금 모두 청정한 귀를 얻게 하려는 연고이니라."

보살이 귀와 코를 보시하는 것을 하나의 제목으로 하여 설하면서 먼저 귀를 보시하는 것을 설하였고, 지금부터는 코를 보시하는 것을 설한다.

불자 보살마하살 보시비시 여시회향
佛子야 **菩薩摩訶薩**이 **布施鼻時**에 **如是廻向**하나니

"불자들이여, 보살마하살이 코를 보시할 적에 이와 같이 회향하느니라."

소위원일체중생 득융직비 득수호비
所謂願一切衆生이 **得隆直鼻**하고 **得隨好鼻**하고

득선상비 득가애락비 득정묘비 득수
得善相鼻하고 **得可愛樂鼻**하고 **得淨妙鼻**하고 **得隨**

순비 득고현비 득복원비 득선견비
順鼻하고 **得高顯鼻**하고 **得伏怨鼻**하고 **得善見鼻**하고

득여래비
得如來鼻하며

"이른바 '원컨대 일체 중생이 높고 곧은 코를 얻으며, 잘생긴 코를 얻으며, 잘생긴 모양의 코를 얻으며, 사랑스러운 코를 얻으며, 깨끗하고 묘한 코를 얻으며, 수순하는 코를 얻으며, 우뚝한 코를 얻으며, 원수를 굴복시키는 코를 얻으며, 보기 좋은 코를 얻으며, 여래의 코를 얻어지이다.' 라고 하느니라."

보살이 코를 보시할 때에 다시 열 가지 코를 얻기를 발원하였다. 회향이란 한 가지를 보시하면서 그 선근이 더욱 발전하여 열 가지, 백 가지로 확대되기를 발원하는 것이다. 가지가지 코를 열거하고 마지막에는 여래의 코에까지 이르렀다.

원일체중생 득이에노면 득일체법면
願一切衆生이 **得離恚怒面**하고 **得一切法面**하고

득무장애면　득선견면　득수순면　득청
得無障礙面하고 得善見面하고 得隨順面하고 得淸

정면　득이과실면　득여래원만면　득변
淨面하고 得離過失面하고 得如來圓滿面하고 得徧

일체처면　득무량미호면
一切處面하고 得無量美好面이니라

"'원컨대 일체 중생이 분노하여 화를 냄이 없는 얼굴을 얻으며, 모든 법의 얼굴을 얻으며, 장애가 없는 얼굴을 얻으며, 보기 좋은 얼굴을 얻으며, 수순하는 얼굴을 얻으며, 청정한 얼굴을 얻으며, 허물을 떠난 얼굴을 얻으며, 여래의 원만한 얼굴을 얻으며, 일체 곳에 두루 하는 얼굴을 얻으며, 한량없이 아름다운 얼굴을 얻어지이다.' 라고 하느니라."

얼굴을 형성하는 데 가장 중요한 것이 코다. 얼굴의 중앙에 있는 것이 코이기 때문이다. 그래서 코를 보시하여 아주 뛰어나고 수승한 열 가지 얼굴을 얻기를 발원하였다.

시위보살마하살 보시비시 선근회향
是爲菩薩摩訶薩의 布施鼻時에 善根廻向이니라

"이것이 보살마하살이 코를 보시할 적에 선근으로 회향하는 것이니라."

위령중생 구경득입제불법고 위령중생
爲令衆生으로 究竟得入諸佛法故며 爲令衆生

구경섭수제불법고 위령중생 구경요지
으로 究竟攝受諸佛法故며 爲令衆生으로 究竟了知

제불법고
諸佛法故며

"중생들로 하여금 끝까지 모든 부처님 법에 들어가게 하려는 연고며, 중생들로 하여금 끝까지 모든 부처님 법을 섭수하게 하려는 연고며, 중생들로 하여금 끝까지 부처님 법을 알게 하려는 연고이니라."

위령중생 구경주지제불법고 위령중생
爲令衆生으로 究竟住持諸佛法故며 爲令衆生

구경상견제여래고 위령중생 개실증
으로 究竟常見諸如來故며 爲令衆生으로 皆悉證

득불법문고
得佛法門故며

"중생들로 하여금 끝까지 부처님 법에 머물러 유지하게 하려는 연고며, 중생들로 하여금 끝까지 모든 여래를 항상 보게 하려는 연고며, 중생들로 하여금 부처님 법문을 다 증득하게 하려는 연고이니라."

위령중생 구경성취무능괴심고 위령중
爲令衆生으로 究竟成就無能壞心故며 爲令衆

생 개능조료제불정법고 위령중생 보
生으로 皆能照了諸佛正法故며 爲令衆生으로 普

실엄정제불국토고 위령중생 개득여래대
悉嚴淨諸佛國土故며 爲令衆生으로 皆得如來大

위력신고
威力身故라

"중생들로 하여금 구경에 깨뜨릴 수 없는 마음을 성취하게 하려는 연고며, 중생들로 하여금 모든 부처님의 바른 법을 비추어 알게 하려는 연고며, 중생들로 하여금 모든 부처님의 국토를 엄정하게 하려는 연고며, 중생들로 하여금 여래의 큰 위력 있는 몸을 얻게 하려는 연고이니라."

보살이 귀와 코를 보시하여 회향하는 목적을 열 가지로 열거하였다. 목적 하나하나가 오직 중생들로 하여금 부처님의 법에 들어가게 하고, 부처님의 법을 섭수하게 하고, 부처님의 법을 알게 하고, 부처님의 법에 머물게 하는 것이다.

시위보살마하살 시이비시선근회향
是爲菩薩摩訶薩의 **施耳鼻時善根迴向**이니라

"이것이 보살마하살이 귀와 코를 보시할 때에 선근으로 회향하는 것이니라."

여기까지 보살이 귀와 코를 보시할 때에 선근으로 회향하는 법을 설하여 마쳤다.

29〉 치아를 보시하다

불자 보살마하살 안주견고자재지중
佛子야 **菩薩摩訶薩**이 **安住堅固自在地中**하야

능이아치 시제중생 유여왕석화치왕보살
能以牙齒로 **施諸衆生**호대 **猶如往昔華齒王菩薩**과

육아상왕보살 급여무량제보살등
六牙象王菩薩과 **及餘無量諸菩薩等**하야

"불자들이여, 보살마하살이 견고하고 자재한 땅에 편안히 있으면서 능히 치아로써 모든 중생에게 보시하되, 마치 옛날의 화치왕華齒王보살과 육아상왕六牙象王보살과 다른 무량한 많은 보살들과 같이 하느니라."

제6 수순견고일체선근회향에서 설하는 60종의 보시 가운데 치아를 보시하여 회향하는 내용이다. 과거의 사례 중 화치왕華齒王보살과 육아상왕六牙象王보살과 다른 무량한 많은 보살들이라고 하였으나 자세한 사연은 알 수 없다. 다만 청량스님은 소疏에서 "지도론 14에서 말하기를, '상왕象王보살이 치아를 보시한 것은 이는 법신보살이다.'"라고 하였다.[1]

1) 智論十四云 '象王施, 是法身菩薩'.

보살마하살 시아치시 기심청정 희유
菩薩摩訶薩이 施牙齒時에 其心清淨하야 希有

난득 여우담화
難得이 如優曇華니라

"보살마하살이 치아를 보시할 적에 그 마음이 청정하고 희유하여 얻기 어려움이 우담발화와 같으니라."

"보살이 치아를 보시할 적에 그 마음이 청정하고 희유하여 얻기 어려움이 우담발화와 같다."고 하였다. 우담발화는 어떤 경전에서나 얻기 어려운 꽃이라고 하였다. 또 희유한 꽃이며 성인이 세상에 출현했을 때 피는 꽃이라고 한다. 실재하지 않는 전설의 꽃이다. 저 용보다 더 희유한 것이다.

소위무진심시 대신심시 보보성취무량
所謂無盡心施와 大信心施와 步步成就無量

사심시 조복제근심시 일체실사심시 일체
捨心施와 調伏諸根心施와 一切悉捨心施와 一切

지원심시 안락중생심시 대시 극시 승
智願心施와 安樂衆生心施와 大施와 極施와 勝

시 최승시 철신요용 무소혐한심시
施와 **最勝施**와 **輟身要用**호대 **無所嫌恨心施**라

"이른바 다함없는 마음으로 보시하며, 큰 신심으로 보시하며, 한 걸음 한 걸음 성취하는 한량없이 버리는 마음으로 보시하며, 여러 근根을 조복하는 마음으로 보시하며, 모든 것을 다 버리는 마음으로 보시하며, 일체 지혜를 원하는 마음으로 보시하며, 중생을 안락케 하려는 마음으로 보시하며, 크게 보시하며, 지극히 보시하며, 훌륭하게 보시하며, 가장 훌륭하게 보시하며, 몸에 필요한 것을 내놓으면서도 싫어하거나 한탄이 없는 마음으로 보시하느니라."

경문에서는 치아를 보시하는 것에 열 가지 보시의 뜻을 지니는 것을 밝혔다.

보살 이시 이제선근 여시회향
菩薩이 **爾時**에 **以諸善根**으로 **如是廻向**하나니

"보살이 그때에 모든 선근으로 이와 같이 회향하느

니라."

소위원일체중생 득섬백아치 성최승탑
所謂願一切衆生이 得銛白牙齒하야 成最勝塔

수천인공
하야 受天人供하며

"이른바 '원컨대 일체 중생이 예리하고 흰 치아를 얻어 가장 수승한 탑을 이루고 천상인간의 공양을 받아지이다.' 라고 하느니라."

원일체중생 득제평아치 여불상호
願一切衆生이 得齊平牙齒하야 如佛相好하야

무유소결
無有疎缺하며

"'원컨대 일체 중생이 가지런한 치아를 얻어 부처님의 잘생긴 모양과 같이 성글거나 결함이 없어지이다.' 라고 하느니라."

원일체중생 득조복심 선취보살바라밀
願一切衆生이 得調伏心하야 善趣菩薩波羅蜜

행
行하며

"'원컨대 일체 중생이 조복하는 마음을 얻어 보살의 바라밀행에 잘 나아가지이다.' 라고 하느니라."

원일체중생 구선청정 아치선백 분명
願一切衆生이 口善淸淨하고 牙齒鮮白하야 分明

현현
顯現하며

"'원컨대 일체 중생이 입이 청정하고 치아가 깨끗하여 분명하게 나타나지이다.' 라고 하느니라."

원일체중생 득가억념장엄아치 기구청
願一切衆生이 得可憶念莊嚴牙齒하야 其口淸

정 무가악상
淨하야 無可惡相하며

"'원컨대 일체 중생이 기억할 수 있는 장엄한 치아를 얻어 그 입이 청정하여 나쁜 모양이 없어지이다.' 라고 하느니라."

원일체중생 아치성취 구만사십 상출
願一切衆生이 牙齒成就호대 具滿四十하야 常出
종종희유묘향
種種希有妙香하며

"'원컨대 일체 중생이 치아가 성취되어 마흔 개를 갖추고 항상 여러 가지 희유하고 미묘한 향기가 나게 하여지이다.' 라고 하느니라."

원일체중생 의선조복 아치선결 여백
願一切衆生이 意善調伏하야 牙齒鮮潔이 如白
련화 문리회선 만자성취
蓮華하고 文理廻旋하야 卍字成就하며

"'원컨대 일체 중생이 뜻이 잘 조복되고 치아가 청결하여 백련화와 같으며 무늬가 오른쪽으로 돌아 만卍 자를 성취하게 하여지이다.' 라고 하느니라."

원일체중생 구순선정 아치결백 방무
願一切衆生이 **口脣鮮淨**하고 **牙齒潔白**하야 **放無**

량광 주변조요
量光하야 **周徧照耀**하며

"'원컨대 일체 중생이 입술이 청정하고 치아가 깨끗하여 한량없는 광명을 놓아 두루 찬란하게 비치어지이다.' 라고 하느니라."

원일체중생 아치견리 식무완립 무소
願一切衆生이 **牙齒堅利**하야 **食無完粒**호대 **無所**

미착 위상복전
味着하야 **爲上福田**하며

"'원컨대 일체 중생이 치아가 견고하고 예리하여, 음식을 먹을 적에 온전한 알갱이가 없고 맛에 집착함도 없어, 상품의 복전이 되어지이다.' 라고 하느니라."

원일체중생 어아치간 상방광명 수제
願一切衆生이 於牙齒間에 常放光明하야 授諸

보살제일기별
菩薩第一記莂이니라

"'원컨대 일체 중생이 치아 사이에서 항상 광명이 나서 모든 보살의 제일 수기를 받아지이다.' 라고 하느니라."

시위보살마하살 시아치시 선근회향
是爲菩薩摩訶薩의 施牙齒時에 善根廻向이니

위령중생 구일체지 어제법중 지혜청정
爲令衆生으로 具一切智하야 於諸法中에 智慧淸淨

고
故니라

"이것이 보살마하살이 치아를 보시할 때에 선근으로 회향하는 것이니라. 중생들로 하여금 일체 지혜를 갖추어 모든 법 가운데 지혜를 청정하게 하려는 연고이니라."

보살이 치아를 보시하면서 회향하는 여러 가지 원을 발하였다. 또 이어서 선근으로 회향하는 목적을 중생들로 하여금 일체 지혜를 갖추어 모든 법 가운데 지혜를 청정하게 하려는 것이라고 밝혔다.

30〉 혀를 보시하다

불자　보살마하살　약유인래　종걸설시
佛子야 菩薩摩訶薩이 若有人來하야 從乞舌時

어걸자소　이자비심　연어애어　유여
어든 於乞者所에 以慈悲心으로 軟語愛語호대 猶如

왕석단정면왕보살　불퇴전보살　급여무량
往昔端正面王菩薩과 不退轉菩薩과 及與無量

제보살등
諸菩薩等하나니

"불자들이여, 보살마하살에게 어떤 사람이 와서 혀를 구걸하거든, 구걸하는 이에게 자비한 마음으로 부드럽게 말하고 사랑스럽게 말하나니, 마치 옛날의 단정면왕端正面王보살과 불퇴전不退轉보살과 다른 무량한 보살들과 같이 하느니라."

보살이 혀를 보시하여 회향하는 것을 밝혔다. 옛날의 단정면왕端正面王보살과 불퇴전不退轉보살과 다른 무량한 보살들의 인연은 상고할 수 없다. 눈이나 치아나 혀의 보시에 언제나 과거 보살의 사연이 있음을 들었으나 자세한 설명은 생략하였다.

불자 보살마하살 어제취중 이수생시
佛子야 菩薩摩訶薩이 於諸趣中에 而受生時에

유무량백천억나유타중생 이래걸설 보
有無量百千億那由他衆生이 而來乞舌이라도 菩

살 이시 안치기인 재사자좌 이무에심
薩이 爾時에 安置其人하야 在獅子座하고 以無恚心과

무해심 무한심 대위덕심 종불종성소생심
無害心과 無恨心과 大威德心과 從佛種性所生心과

주어보살소주심 상불탁란심 주대세력심
住於菩薩所住心과 常不濁亂心과 住大勢力心과

어신무착심 어어무착심 양슬착지 개
於身無着心과 於語無着心으로 兩膝着地하고 開

구출설 이시걸자 자심연어 이고지언
口出舌하야 以示乞者하고 慈心軟語로 而告之言호대

"불자들이여, 보살마하살이 모든 갈래에 태어났을 적에 한량없는 백천억 나유타 중생들이 와서 혀를 구걸하거든 보살이 그 사람을 사자좌에 앉게 하고, 성나지 않는 마음과 해害할 생각이 없는 마음과 한탄하지 않는 마음과 큰 위덕 있는 마음과 부처님의 종성으로 나는 마음과 보살의 머무는 데 머무는 마음과 흐리지 않은 마음과 큰 세력에 머무는 마음과 몸에 집착이 없는 마음과 말에 집착이 없는 마음으로 두 무릎을 땅에 꿇고 입을 벌리고 혀를 내어 구걸하는 이에게 보이면서 자비한 마음과 부드러운 음성으로 말하느니라."

혀를 구걸하러 오는 사람에게 보살이 위와 같은 열 가지 마음으로 두 무릎을 땅에 꿇고 입을 벌리고 혀를 내어 구걸하는 이에게 보이면서 자비한 마음과 부드러운 음성으로 말한다는 내용을 밝혔다.

아금차신 보개속여 가취아설 수의소

我今此身이 **普皆屬汝**니 **可取我舌**하야 **隨意所**

용　　영여소원　　개득만족　　　보살　이시
用하야 令汝所願으로 皆得滿足이라하고 菩薩이 爾時에

이제선근　　여시회향
以諸善根으로 如是廻向하나니

"'나의 몸은 모두 그대에게 속한 것이니 내 혀를 가져다가 마음대로 써라. 그대의 소원을 만족케 하리라.' 라고 하느니라. 보살이 이때에 모든 선근으로 이와 같이 회향하느니라."

혀를 구걸하는 사람에게 자신의 혀를 그냥 내어 주기도 어려운데 "나의 몸은 모두 그대에게 속한 것이니 내 혀를 가져다가 마음대로 써라."라고 말할 수 있을까. 간단한 소유물이나 돈 몇 푼도 선뜻 내어 주기 어려운데 위와 같이 말을 하기는 더욱 어렵다. 그러나 진정한 보살은 중생을 위하는 일이라면 이와 같이 한다.

소위원일체중생　득주보설　　실능선시제
所謂願一切衆生이 得周普舌하야 悉能宣示諸

어 언 법
語言法하며

"이른바 '원컨대 일체 중생이 두루 하는 넓은 혀를 얻어 여러 가지 말을 능히 연설하여지이다.' 라고 하느니라."

원 일 체 중 생　득 부 면 설　소 언 무 이　개 실
願一切衆生이 得覆面舌하야 所言無二하야 皆悉

진 실
眞實하며

"'원컨대 일체 중생이 얼굴을 덮는[覆面] 혀를 내어 말함이 둘도 없이 모두 진실하여지이다.' 라고 하느니라."

원 일 체 중 생　득 보 부 일 체 불 국 토 설　시 현
願一切衆生이 得普覆一切佛國土舌하야 示現

제 불 자 재 신 통
諸佛自在神通하며

"'원컨대 일체 중생이 모든 부처님의 국토를 두루 덮

는 혀를 얻어 부처님들의 자재한 신통을 나타내어지이다.' 라고 하느니라."

원일체중생 득연박설 항수미묘청정상미
願一切衆生이 得軟薄舌하야 恒受美妙淸淨上味하며

"'원컨대 일체 중생이 보드랍고 얇은 혀를 얻어 아름답고 청정한 좋은 맛이 항상 나게 하여지이다.' 라고 하느니라."

원일체중생 득변재설 능단일체세간의망
願一切衆生이 得辯才舌하야 能斷一切世間疑網하며

"'원컨대 일체 중생이 말 잘하는 혀를 얻어 모든 세간의 의심을 끊어지이다.' 라고 하느니라."

원일체중생 득광명설 능방무수만억광
願一切衆生이 得光明舌하야 能放無數萬億光

명
明하며

"'원컨대 일체 중생이 빛나는 혀를 얻어 무수한 만억 광명을 내게 하여지이다.' 라고 하느니라."

원일체중생 득결정설 변설제법 무
願一切衆生이 得決定舌하야 辯說諸法호대 無

유궁진
有窮盡하며

"'원컨대 일체 중생이 결정한 혀를 얻어 모든 법을 분별하여 말함이 무궁무진하여지이다.' 라고 하느니라."

원일체중생 득보조복설 선능개시일체
願一切衆生이 得普調伏舌하야 善能開示一切

비요 소유언설 개령신수
秘要하야 所有言說을 皆令信受하며

"'원컨대 일체 중생이 널리 조복하는 혀를 얻어 모든 비밀하고 요긴한 말들을 잘 말하여 모두 믿게 하여지이다.' 라고 하느니라."

원일체중생 득보통달설 선입일체어언
願一切衆生이 **得普通達舌**하야 **善入一切語言**
대해
大海하며

"'원컨대 일체 중생이 두루 통달하는 혀를 얻어 모든 언어의 바다에 잘 들어가지이다.' 라고 하느니라."

원일체중생 득선설일체제법문설 어언
願一切衆生이 **得善說一切諸法門舌**하야 **於言**
어지 실도피안
語智에 **悉到彼岸**이니라

"'원컨대 일체 중생이 모든 법문을 잘 말하는 혀를 얻어 언어의 지혜에서 다 저 언덕에 이르러지이다.' 라고 하느니라."

시위보살마하살 보시설시 선근회향
是爲菩薩摩訶薩의 布施舌時에 善根廻向이니

위령중생 개득원만무애지고
爲令衆生으로 皆得圓滿無礙智故니라

"이것이 보살마하살이 혀를 보시할 때에 선근으로 회향하는 것이니라. 중생들로 하여금 원만하고 걸림 없는 지혜를 얻게 하려는 연고이니라."

보살이 혀를 보시한 선근으로 회향하면서 발원하는 내용을 설하였다. 그리고 회향의 목적을 중생들로 하여금 원만하고 걸림 없는 지혜를 얻게 하려는 것이라고 하면서 혀를 보시하는 회향을 마쳤다.

31〉 머리를 보시하다

불자 보살마하살 이두보시제래걸자
佛子야 菩薩摩訶薩이 以頭布施諸來乞者호대

여최승지보살 급대장부가시국왕등제대보
如最勝智菩薩과 及大丈夫迦尸國王等諸大菩

살 소행보시
薩의 所行布施하야

"불자들이여, 보살마하살이 와서 구걸하는 모든 이에게 머리를 보시할 때에 마치 최승지最勝智보살이나 대장부인 가시국왕迦尸國王 등 여러 큰 보살이 보시하던 것과 같이 하느니라."

60종의 보시 가운데 31번째는 머리를 보시하는 일이다. 과거의 최승지最勝智보살이나 대장부인 가시국왕迦尸國王 등 여러 큰 보살의 사연을 구체적으로 알지는 못한다. 아마도 머리를 보시하였던 이들이리라. 머리를 구걸하는 사람이 있겠는가마는 보살의 중생을 위하는 뜨거운 자비심을 표현한 것이라고 해석해야 할 것이다.

위욕성취입일체법최승지수 위욕성취증
爲欲成就入一切法最勝智首하며 爲欲成就證

대보리 구중생수 위욕구족견일체법최
大菩提하야 救衆生首하며 爲欲具足見一切法最

제일수　위득정견청정지수　위욕성취무
第一首하며 爲得正見淸淨智首하며 爲欲成就無

장애수
障礙首하며

"일체 법에 들어가는 가장 수승한 지혜의 머리를 성취하려는 것이며, 큰 깨달음을 증득해서 중생들을 구제하는 머리를 성취하려는 것이며, 일체 법을 보는 가장 제일인 머리를 구족하려는 것이며, 바른 소견과 청정한 지혜의 머리를 얻으려는 것이며, 장애 없는 머리를 성취하려는 것이니라."

위욕증득제일지수　위구세간최승지수
爲欲證得第一地首하며 爲求世間最勝智首하며

욕성삼계무능견정정지혜수　위득시현보도
欲成三界無能見頂淨智慧首하며 爲得示現普到

시방지혜왕수　위욕만족일체제법무능파괴
十方智慧王首하며 爲欲滿足一切諸法無能破壞

자재지수
自在之首니라

"제1지第一地의 머리를 증득하려는 것이며, 세상의 가장 수승한 지혜의 머리를 구하려는 것이며, 삼계에서 정수리를 볼 수 없는 청정한 지혜의 머리를 이루려는 것이며, 시방에 널리 이름을 나타내 보이는 지혜왕의 머리를 얻으려는 것이며, 일체 모든 법으로 깨뜨릴 수 없는 자재한 머리를 만족케 하려는 것이니라."

머리를 보시하여 회향하는 까닭을 밝혔다. 가장 수승한 지혜의 머리를 성취하려는 것이며, 중생들을 구제하는 머리를 성취하려는 것이며, 일체 법을 보는 가장 제일인 머리를 구족하려는 등이 그것이다.

불자 보살마하살 안주시법 정근수습
佛子야 **菩薩摩訶薩**이 **安住是法**하야 **精勤修習**

즉위이입제불종성 학불행시 어제불
하면 **則爲已入諸佛種性**하며 **學佛行施**하야 **於諸佛**

소 생청정신 증장선근
所에 **生淸淨信**하야 **增長善根**하며

"불자들이여, 보살마하살이 이 법에 머물러서 부지런히 닦으면 모든 부처님의 종성種性에 들어가서 부처님이 보시하던 일을 배우며, 모든 부처님께 청정한 신심을 내고 선근을 증장하느니라."

보살이 머리를 보시하여 회향할 수 있어야 부처님의 종성種性에 들어가서 부처님이 보시하던 일을 배울 수 있으며, 모든 부처님께 청정한 신심을 내고 선근을 증장할 수 있게 된다.

영제걸자 개득희족 기심청정 경열
令諸乞者로 皆得喜足하고 其心淸淨하야 慶悅

무량 심정신해 조명불법 발보리의
無量하며 心淨信解하야 照明佛法하며 發菩提意하야

안주사심 제근열예 공덕증장 생선락
安住捨心하며 諸根悅豫하야 功德增長하며 生善樂

욕 상호수행광대시행
欲하야 常好修行廣大施行이니라

"모든 구걸하는 이들을 다 기쁘게 하여 그 마음을 청정하고 한량없이 경사롭게 하며, 믿고 이해하는 마음으로 불법佛法을 밝게 비추며, 보리심을 내고 보시하는 마음에 머물러 여러 근根이 희열하고 공덕이 증장하며, 착한 욕망을 내어 넓고 크게 보시하는 행行을 항상 좋아하느니라."

보살　이시　이제선근　여시회향
菩薩이 爾時에 以諸善根으로 如是廻向하나니라

"보살이 이때에 모든 선근으로 이와 같이 회향하느니라."

소위원일체중생　득여래두　득무견정
所謂願一切衆生이 得如來頭하고 得無見頂하야

어일체처　무능영폐　어제불찰　최위상수
於一切處에 無能暎蔽하며 於諸佛刹에 最爲上首하며

"이른바 '원컨대 일체 중생이 여래의 머리를 얻어 볼

수 없는 정수리를 얻으며, 어느 곳에서나 그보다 나을 이가 없으며, 여러 세계에서 가장 우두머리가 되고,

기발우선 광정윤택 만자엄식 세소 희유
其髮右旋하야 **光淨潤澤**하고 **卍字嚴飾**하야 **世所希有**라

머리털은 오른쪽으로 돌아서 깨끗하고 윤택하며, 만卍자로 장엄하게 꾸며서 세상에서 희유하고,

구족불수 성취지수 일체세간 최제일수 위구족수 위청정수 위좌도량원만지수
具足佛首하며 **成就智首**하며 **一切世間**에 **最第一首**며 **爲具足首**하며 **爲淸淨首**하며 **爲坐道場圓滿智首**니라

부처님의 머리를 갖추고, 지혜의 머리를 성취하여, 모든 세간에서 제일가는 머리가 되며, 구족한 머리가

되며, 청정한 머리가 되며, 도량에 앉아서 원만한 지혜의 머리가 되어지이다.' 라고 하느니라."

시위보살마하살 보시두시 선근회향
是爲菩薩摩訶薩의 布施頭時에 善根迴向이니

위령중생 득최승법 성어무상대지혜고
爲令衆生으로 得最勝法하야 成於無上大智慧故니라

"이것이 보살마하살이 머리를 보시할 때에 선근으로 회향하는 것이니라. 중생들로 하여금 가장 수승한 법을 얻어서 위가 없는 큰 지혜를 이루게 하려는 연고이니라."

보살이 머리를 보시한 선근으로 회향하면서 발원하는 내용이 한 번의 발원 안에 여러 가지를 다 포함하였다. 부처님의 머리를 갖추고, 지혜의 머리를 성취하여, 모든 세간에서 제일가는 머리가 되기를 발원하는 등이 그것이다. 앞의 다른 보시에서는 열 가지씩 하나하나 열거하였으나 생략하여 밝혔다.

32〉 수족手足을 보시하다

불자 보살마하살 이기수족 시제중생
佛子야 菩薩摩訶薩이 以其手足으로 施諸衆生

여상정진보살 무우왕보살 급여무량제
호대 如常精進菩薩과 無憂王菩薩과 及餘無量諸

보살등 어제취중종종생처 보시수족
菩薩等하야 於諸趣中種種生處에 布施手足호대

"불자들이여, 보살마하살이 수족으로 여러 중생에게 보시하기를 마치 상정진常精進보살이나 무우왕無憂王보살이나 다른 무량한 보살들과 같이 하여 여러 갈래에서 여러 가지로 태어나면서 수족을 보시하느니라."

60종의 보시 중에 보살이 수족手足을 보시하여 회향함을 밝혔다. 상정진常精進보살이나 무우왕無憂王보살이나 다른 무량한 보살들의 수족을 보시한 사연은 자세하지 않다.

이신위수 기요익행 왕반주선 근수
以信爲手하야 起饒益行하야 往反周旋에 勤修

정 법
正法하며

"믿음으로 손이 되어 이익을 주는 행을 일으키고 가거나 오거나 두루 돌아다님에 부지런히 바른 법을 닦느니라."

믿음으로 손이 되어 이익을 주는 행을 일으키고 가거나 오거나 두루 돌아다님에 정법을 부지런히 닦는다는 것은 단순히 손으로 보시하는 것에 그치지 않고 불법에 신심을 일으켜 그 신심이 손이 되게 하는 것이다. 즉 신심의 손으로 천하 모든 사람에게 정법으로 보시하여야 할 것이다.

원득보수 이수위시 소행불공 구보살
願得寶手하야 以手爲施에 所行不空하야 具菩薩

도 상서기수 의장광혜 안보유행 용
道하며 常舒其手하야 擬將廣惠하야 安步遊行에 勇

맹무겁 이정신력 구정진행 제멸악도
猛無怯하며 以淨信力으로 具精進行하야 除滅惡道

성취보리
하고 成就菩提하나니라

"보배의 손을 얻어 손으로써 보시하고, 다니는 데마다 헛되지 아니하여 보살도를 갖추며, 항상 손을 펴서 은혜를 베풀려 하고, 편안히 걸어 다니면서 겁이 없이 용맹하며, 청정하게 믿는 힘으로 정진하는 행을 갖추고, 나쁜 갈래를 멸하고, 보리를 성취하느니라."

보배의 손이란 남을 돕는 일을 많이 하는 손이다. 좋은 글을 써서 다른 사람에게 많이 소개하는 손이다. 무엇인가 고장 난 것을 고치는 손이며, 깨끗하게 청소하는 손이며, 빨래하고 밥을 짓는 손이다. 병든 이를 잘 치료하는 손이며, 보살도를 갖추어 항상 은혜를 베풀려 하는 손이다.

불자 보살마하살 여시시시 이무량무변
佛子야 菩薩摩訶薩이 如是施時에 以無量無邊

광대지심 개정법문 입제불해 성취시
廣大之心으로 開淨法門하야 入諸佛海하야 成就施

수　　주급시방
手하야 周給十方하며

"불자들이여, 보살마하살이 이와 같이 보시할 적에 한량없고 그지없이 광대한 마음으로 청정한 법문을 열고, 모든 부처님 바다에 들어가서 보시하는 손을 성취하여 시방에 이바지하느니라."

광대한 마음으로 청정한 법문을 열고 모든 부처님 바다에 들어가서 보시하는 손을 성취하여 시방에 이바지하는 것이 손을 보시하는 진정한 뜻이다. 보시하는 손, 이 얼마나 아름다운 손인가. 손의 생김새가 어떻든 보시할 줄 모르는 손은 추한 손이고, 보시할 줄 아는 손이 아름답고 선량한 손이다. 모든 사람이 보시하는 손을 성취하여 시방에 이바지하기를 원한다.

원력임지일체지도　　주어구경이구지심
願力任持一切智道하야 住於究竟離垢之心하며

"원력願力으로 일체 지혜의 도를 지니어 끝까지 때를

떠난 마음에 머물며"

법신지신 무단무괴 일체마업 불능경동
法身智身이 無斷無壞하야 一切魔業이 不能傾動하며

"법의 몸과 지혜의 몸이 끊을 수도 없고 깨뜨릴 수도 없어 일체 마군의 업으로 흔들 수 없으며"

의선지식 견고기심 동제보살 수행시도
依善知識하야 堅固其心하야 同諸菩薩의 修行施度니라

"선지식을 의지하여 마음이 견고하고 모든 보살들과 함께 보시바라밀다를 수행하느니라."

불자 보살마하살 위제중생 구일체지
佛子야 菩薩摩訶薩이 爲諸衆生하야 求一切智

시수족시 이제선근 여시회향
하야 施手足時에 以諸善根으로 如是迴向하나니라

"불자들이여, 보살마하살이 모든 중생들을 위하여 일체 지혜를 구하려고 수족을 보시할 적에 모든 선근으로 이와 같이 회향하느니라."

보살이 모든 중생들을 위하여 일체 지혜를 구하려고 수족을 보시하여 회향하는 것이라고 하였으나 보시는 그 자체만으로도 중생을 위하는 것이며 중생을 위하기 때문에 그것이 곧 불교다. 즉 보시가 곧 불교며 불교가 곧 보시다. 베풀고 나누는 것이 불교다.

소위원일체중생 구신통력 개득보수
所謂願一切衆生이 具神通力하야 皆得寶手하고

득보수이 각상존경 생복전상 이종
得寶手已하야는 各相尊敬하야 生福田想하야 以種

종보 갱상공양
種寶로 更相供養하며

"이른바 '원컨대 일체 중생이 신통한 힘을 갖추어 보배 손을 얻으며, 보배 손을 얻고는 서로 존경하여 복전이란 생각을 내고 가지가지 보배로 서로서로 공양하여지이다.' 라고 하느니라."

보살이 손발을 보시하여 회향하고는 보배 손을 얻어 서로서로 존경하여 손이야말로 복전이란 생각을 낸다. 실로 손은 복전 중의 복전이다. 그러므로 복전인 손을 잘 활용하여 진정한 보배 손이 되게 해야 한다.

우이중보 공양제불 흥묘보운 변제
又以衆寶로 供養諸佛호대 興妙寶雲하야 徧諸

불토 영제중생 호기자심 불상뇌해
佛土하며 令諸衆生으로 互起慈心하야 不相惱害하며

유제불찰 안주무외 자연구족구경신통
遊諸佛刹에 安住無畏하야 自然具足究竟神通하며

"'또 여러 가지 보배로 모든 부처님께 공양하고, 아름다운 보배 구름을 일으켜 모든 부처님 세계를 덮으며, 모든 중생들로 하여금 서로서로 자비한 마음을 내어 서로 해롭게 하지 않으며, 모든 부처님의 세계에 다니되 편안하여 두렵지 않으며, 구경의 신통을 저절로 구족하여지이다.' 라고 하느니라."

보살이 손과 발을 보시하여 회향하는 내용의 연속이다. "모든 중생들로 하여금 서로서로 자비한 마음을 내어 서로 해롭게 하지 않으며"라고 하였다. 세상 사람들이 이와 같이 살면 얼마나 평화로울까. 부처님과 보살들은 이런 세상이 되기를 항상 꿈꾼다.

우령개득보수 화수 향수 의수 개수
又令皆得寶手와 **華手**와 **香手**와 **衣手**와 **蓋手**와

화만수 말향수 장엄구수 무변수 무량수
華鬘手와 **末香手**와 **莊嚴具手**와 **無邊手**와 **無量手**와

보수　득시수이　이신통력　상근왕예일
普手하고 得是手已에 以神通力으로 常勤往詣一

체불토　능이일수　변마일체제불세계
切佛土하야 能以一手로 徧摩一切諸佛世界하며

"또 모두 보배 손과 꽃 손과 향 손과 옷 손과 일산 손과 화만 손과 가루향 손과 장엄거리 손과 끝없는 손과 한량없는 손과 넓은 손을 얻게 하며, 이런 손을 얻고는 신통한 힘으로 모든 부처님 국토에 항상 부지런히 나아가 한 손으로 일체 모든 세계를 두루 만지게 하느니라."

또 일체 중생이 보배 손과 꽃 손과 향 손과 옷 손과 일산 손과 화만 손과 가루향 손과 장엄거리 손과 끝없는 손과 한량없는 손과 넓은 손을 얻어 일체 세계를 두루 감싸고 보살피게 되기를 원한다.

이자재수　지제중생　득묘상수　방무
以自在手로 持諸衆生하며 得妙相手하야 放無

량광 능이일수 보부중생 성어여래 수
量光하며 能以一手로 普覆衆生하야 成於如來의 手

지망만 적동조상
指網縵과 赤銅爪相이니라

"자재한 손으로 중생들을 보호하며, 아름다운 모양의 손을 얻어 한량없는 광명을 놓으며, 한 손으로 중생들을 두루 덮으며, 여래의 손가락 사이의 그물무늬 막과 구릿빛 손톱을 성취케 하느니라."

보살이 손과 발을 보시하여 회향하는 내용이 계속된다. "자재한 손으로 중생들을 보호하며, 아름다운 모양의 손을 얻어 한량없는 광명을 놓는 등"으로 회향되기를 원한다.

보살 이시 이대원수 보부중생 원일
菩薩이 爾時에 以大願手로 普覆衆生하야 願一

체중생 지상락구무상보리 출생일체공덕
切衆生이 志常樂求無上菩提하야 出生一切功德

대해 견래걸자 환희무염 입불법해
大海하며 見來乞者하고 歡喜無厭하며 入佛法海하야

동불선근 시위보살마하살 시수족시 선
同佛善根이니 是爲菩薩摩訶薩의 施手足時에 善

근회향
根迴向이니라

"보살이 그때에 큰 소원의 손으로 중생을 두루 덮으면서 원하기를 '일체 중생이 마음에 위가 없는 보리를 항상 즐겨 구하며, 모든 공덕 바다를 내게 하여지이다.' 라고 하며, 구걸하는 이를 보면 기뻐하며 싫어하지 않고, 불법佛法의 바다에 들어가 부처님 선근과 같아지게 하느니라. 이것이 보살마하살이 수족을 보시할 때에 선근으로 회향하는 것이니라."

보살이 손과 발을 보시하여 회향하면서 "일체 중생이 마음에 위가 없는 보리를 항상 즐겨 구하며, 모든 공덕 바다를 내게 하여지이다."라고 하였다. 중생들에게 다시 손이 되고 발이 되어 온갖 고통을 덜어 주고 모든 어려움을 도울 수 있기를 원하는 것이다.

33〉 몸을 부수어 피를 내어 보시하다

불자 보살마하살 괴신출혈 보시중생
佛子야 **菩薩摩訶薩**이 **壞身出血**하야 **布施衆生**

여법업보살 선의왕보살 급여무량제보
호대 **如法業菩薩**과 **善意王菩薩**과 **及餘無量諸菩**

살 등
薩等하야

"불자들이여, 보살마하살이 몸을 부수고 피를 내어 중생에게 보시하되, 법업法業보살과 선의왕善意王보살과 다른 무량한 보살들과 같이 하느니라."

보살이 몸을 부수어 피를 내어 보시하는 회향이다. 지금 같으면 주삿바늘로 혈관에서 쉽게 피를 뽑을 수 있겠지만 옛날에는 그렇지 못해서 몸을 부수어서 피를 낸다고 하였다. 법업法業보살과 선의왕善意王보살과 다른 무량한 보살들이 피를 보시한 사례는 상고할 수 없다.

어제취중시신혈시 기성취일체지심 기
於諸趣中施身血時에 **起成就一切智心**하며 **起**

흔앙대보리심 기락수보살행심 기불취고
欣仰大菩提心하며 起樂修菩薩行心하며 起不取苦

수심 기락견걸자심
受心하며 起樂見乞者心하며

"모든 갈래에서 피를 보시할 적에 일체 지혜를 성취하려는 마음을 내며, 큰 보리를 우러러 사모하는 마음을 내며, 보살행 닦기를 좋아하는 마음을 내며, 괴로운 감각을 가지지 않는 마음을 내며, 걸식하는 이를 보기 좋아하는 마음을 내느니라."

지옥이나 아귀나 축생이나 기타 육취六趣에서 피를 보시할 때에 일으키는 마음을 열거하였다. 요즘에는 혈액을 기증하는 관례가 있다. 만약 혈액을 기증하는 경우라면 반드시 이와 같은 마음을 일으켜야 할 것이다.

기불혐래걸심 기취향일체보살도심
起不嫌來乞心하며 起趣向一切菩薩道心하며

기수호일체보살사심 기증광보살선시심
起守護一切菩薩捨心하며 起增廣菩薩善施心하며

기불퇴전심 불휴식심 무련기심 이제선
起不退轉心과 不休息心과 無戀己心하고 以諸善

근 여시회향
根으로 如是廻向하나니라

"와서 달라는 이를 싫어하지 않는 마음을 내며, 모든 보살의 도道에 나아가려는 마음을 내며, 모든 보살의 보시하는 것을 수호하려는 마음을 내며, 보살의 보시하는 일을 넓히려는 마음을 내며, 퇴전하지 않는 마음과 쉬지 않는 마음과 자기를 애착하지 않는 마음을 내느니라. 모든 선근으로 이와 같이 회향하느니라."

피를 뽑아 보시할 때 위와 같은 보살의 마음을 일으켜서 이러한 선근으로 회향한다면 그 공덕은 천만 배로 증대될 것이다. 반대로 아무리 큰 재산을 보시하고도 위와 같은 마음을 일으키지 못하면 그 복덕은 기약할 수 없으리라. 보시의 양이 많고 적음이 아니다.

소위원일체중생 개득성취법신지신
所謂願一切衆生이 皆得成就法身智身하며

"이른바 '원컨대 일체 중생이 다 법신과 지혜의 몸을 성취하여지이다.' 라고 하느니라."

원일체중생 득무로권신 유여금강
願一切衆生이 得無勞倦身하야 猶如金剛하며

"'원컨대 일체 중생이 고달픈 줄 모르는 몸을 얻어 금강과 같아지이다.' 라고 하느니라."

원일체중생 득불가괴신 무능상해
願一切衆生이 得不可壞身하야 無能傷害하며

"'원컨대 일체 중생이 파괴할 수 없는 몸을 얻어 상해할 이가 없어지이다.' 라고 하느니라."

원일체중생 득여변화신 보현세간
願一切衆生이 得如變化身하야 普現世間하야

무유진극
無有盡極하며

"'원컨대 일체 중생이 변화신과 같은 몸을 얻어 세간에 두루 나타나되 다함이 없어지이다.' 라고 하느니라."

원일체중생 득가애락신 정묘견고
願一切衆生이 得可愛樂身하야 淨妙堅固하며

"'원컨대 일체 중생이 사랑스러운 몸을 얻어 깨끗하고 아름답고 견고하여지이다.' 라고 하느니라."

원일체중생 득법계생신 동어여래 무소의지
願一切衆生이 得法界生身하야 同於如來하야 無所依止하며

"'원컨대 일체 중생이 법계에 나는 몸을 얻어 여래와 같이 의지할 데가 없어지이다.' 라고 하느니라."

원일체중생 득여묘보광명지신 일체세
願一切衆生이 **得如妙寶光明之身**하야 **一切世**

인 무능영폐
人이 **無能暎蔽**하며

"'원컨대 일체 중생이 묘한 보배의 광명과 같은 몸을 얻어 일체 세상 사람들이 능히 그를 가릴 수 없어지이다.' 라고 하느니라."

원일체중생 득지장신 어불사계 이득
願一切衆生이 **得智藏身**하야 **於不死界**에 **而得**

자재
自在하며

"'원컨대 일체 중생이 지혜 곳집[智藏]의 몸을 얻어 죽지 않는 세계에서 자재하여지이다.' 라고 하느니라."

원일체중생 득보해신 견개획익 무공
願一切衆生이 **得寶海身**하야 **見皆獲益**하야 **無空**

과 자
過者하며

"'원컨대 일체 중생이 보배 바다의 몸을 얻어 보는 이마다 이익을 얻고 헛되이 지나가는 이가 없어지이다.' 라고 하느니라."

원일체중생 득허공신 세간뇌환 무능
願一切衆生이 得虛空身하야 世間惱患이 無能
염착
染着이니

"'원컨대 일체 중생이 허공 같은 몸을 얻어 세상 걱정으로는 물들일 수 없게 하여지이다.' 라고 하느니라."

시위보살마하살 시신혈시 이대승심 청
是爲菩薩摩訶薩의 施身血時에 以大乘心과 淸
정심 광대심 흔열심 경행심 환희심 증
淨心과 廣大心과 欣悅心과 慶幸心과 歡喜心과 增

상심 안락심 무탁심 선근회향
上心과 安樂心과 無濁心으로 善根廻向이니라

"이것이 보살마하살이 몸의 피를 보시할 때에 대승大乘의 마음과 청정한 마음과 광대한 마음과 기뻐하는 마음과 경사스러워하는 마음과 환희한 마음과 더 늘어가는 마음과 안락한 마음과 흐리지 않은 마음으로 선근으로 회향하는 것이니라."

보살이 몸의 피를 보시하여 회향할 때 경문에서 열거한 아홉 가지 마음으로 회향해야 비로소 보살의 보시라고 할 것이다. 만약 흔히 말하는 중생심이 개입이 되면 무엇을 보시하든 그것은 온전한 보시가 되지 못한다. 이 마음은 금강경의 무주상無住相보시의 차원을 뛰어넘는 것이다.

34〉 골수骨髓와 살을 보시하다

불자 보살마하살 견유걸구기신수육 환
佛子야 菩薩摩訶薩이 見有乞求其身髓肉에 歡

희연어 위걸자언 아신수육 수의취용
喜軟語로 謂乞者言호대 我身髓肉을 隨意取用하라

여요익보살 일체시왕보살 급여무량제
하고 如饒益菩薩과 一切施王菩薩과 及餘無量諸

보살등
菩薩等하야

"불자들이여, 보살마하살이 그 골수와 살을 구걸하는 이를 보고 환희하고 부드러운 음성으로 말하기를 '나의 골수와 살을 마음대로 가져가라.' 하여 요익饒益보살과 일체시왕一切施王보살과 다른 무량한 여러 보살들과 같이 하느니라."

60종의 보시 가운데 골수와 살을 보시하여 회향하는 것을 밝혔다. 보살이 보시할 때에 "나의 골수와 살을 마음대로 가져가라."라는 말을 하였다. 골수와 살이라면 생명까지도 포함된다. 어찌 이와 같이 할 수 있겠는가. 골수와 살까지 흔쾌히 보시하는데 소소한 소유 물건이나 기타 재산이나 명예나 지위나 돈이야 말해 무엇하겠는가. 보살의 중생을 위하는 마음은 이와 같다.

어제취중종종생처 이기수육 시걸자시
於諸趣中種種生處에 **以其髓肉**으로 **施乞者時**

환희광대 시심증장 동제보살 수습
에 **歡喜廣大**하야 **施心增長**하며 **同諸菩薩**하야 **修習**

선근
善根하며

"여러 갈래[諸趣]에서 여러 가지로 태어나는 곳마다 골수와 살을 달라는 이에게 보시할 적에 환희하는 마음이 넓고 커서 보시하는 마음이 증장하여 모든 보살들과 같이 선근을 닦느니라."

여러 갈래[諸趣]란 지옥 아귀 축생 등 육도 중생의 삶의 갈래를 말한다. 그와 같은 곳곳에 태어날 때마다 골수와 살을 보시하는 경우 크게 환희하는 마음으로 하는 것이다. 무엇이나 보시를 할 때 환희하는 마음으로 하는 것이 진정한 보시가 된다. 만약 환희하는 마음이 아니라면 그것은 진정한 보시가 아니다. 보시란 받아서 기쁜 것이 아니라 줄 수 있어서 기쁜 것이다.

이세진구　　득심지락　　이신보시　　심무
離世塵垢하야 得深志樂하며 以身普施호대 心無

유진　　구족무량광대선근　　섭수일체묘공
有盡하며 具足無量廣大善根하며 攝受一切妙功

덕보　　여보살법　　수행무염
德寶하며 如菩薩法하야 受行無厭하며

"세간의 먼지와 때를 여의고 즐거운 생각을 가지며, 몸으로 널리 보시하되 그 마음이 다하지 아니하여 한량없이 광대한 선근을 구족하며, 일체 아름다운 공덕 보배를 섭수하여 보살의 법과 같이 받아 행하되 싫어함이 없느니라."

계속해서 보시할 때의 바람직한 마음가짐을 밝혔다. 먼지와 때란 법답지 못한 마음씨로서 번뇌와 아끼는 마음과 후회하는 마음과 상대를 싫어하는 마음 등이다. 이러한 마음은 일체 미묘한 공덕의 보배를 섭수하지 못한다.

심상애락보시공덕 일체 주급 심무
心常愛樂布施功德하야 一切를 周給호대 心無

유회 심관제법 종연무체 불탐시업 급
有悔하며 審觀諸法이 從緣無體하야 不貪施業과 及

업과보 수소회우 평등시여
業果報하고 隨所會遇하야 平等施與니라

"마음으로는 보시하는 공덕을 항상 좋아하여 여러 가지로 이바지하되 후회함이 없으며, 모든 법이 인연으로 생긴 것이어서 자체가 없는 줄을 잘 살피고, 보시하는 업業이나 업으로 받을 과보를 탐하지 아니하며, 만나는 사람마다 평등하게 베풀어 주느니라."

계속해서 보살이 보시할 때의 마음가짐을 밝혔다. 여러 가지를 이바지하여 후회함이 없어야 한다. 무엇보다 모든 법은 인연으로 생기고 인연으로 소멸함을 깊이 관찰하여 어떤 것도 실체가 없음을 알아야 한다. 일체 법이 무아며 공이며 무상이라는 사고는 불법을 이해하는 기본이며 기초다. 이러한 사고가 밑바탕이 되어 있지 않으면 어떤 보살행도 나오지 않는다. 그러나 무아와 공과 무상이 뿌리라면 보살행은 꽃이며 열매다. 꽃과 열매가 없는 뿌리는 그 또한 허무한 것이다. 그리고 또 보시의 과보를 탐하는 것을 경계하였다.

불자 보살마하살 여시시시 일체제불
佛子야 **菩薩摩訶薩**이 **如是施時**에 **一切諸佛**이

개실현전 상지여부 득호념고
皆悉現前이니 **想之如父**하야 **得護念故**며

"불자들이여, 보살마하살이 이와 같이 보시할 때에 일체 모든 부처님이 앞에 나타나나니, 아버지와 같이 생각하여 호념護念함을 얻는 연고이니라."

보살이 뼈와 살을 보시할 때에 일체 부처님이 다 나타난다고 하였다. 그 부처님을 아버지와 같이 생각하게 되어 아버지가 보호하고 지켜 주는 것이라고 생각하게 된다. 뼈와 살을 보시할 때 부처님 아버지가 나타나서 보호해 준다고 여기는 것은 큰 위안이 되리라.

일체중생 개실현전 보령안주청정법고
一切衆生이 **皆悉現前**이니 **普令安住淸淨法故**며

"일체 중생이 앞에 나타나나니, 청정한 법에 모두 편안히 머물게 하는 연고이니라."

보살이 뼈와 살을 보시할 때에 일체 중생이 앞에 나타나는 것은 일체 중생을 청정한 법에 편안히 머물게 해야 한다는 뜻이다.

일체세계 개실현전 엄정일체불국토고
一切世界가 **皆悉現前**이니 **嚴淨一切佛國土故**며

"일체 세계가 앞에 나타나나니, 일체 부처님의 국토를 청정하게 장엄하는 연고이니라."

보살이 뼈와 살을 보시할 때에 일체 세계가 앞에 나타나는 것은 일체 세계를 모두 청정하게 장엄해야 한다는 뜻이다. 아래도 모두 그와 같은 뜻으로 해석해야 할 것이다.

일체중생 개실현전 이대비심 보구호
一切衆生이 皆悉現前이니 以大悲心으로 普救護

고
故며

"일체 중생이 앞에 나타나나니, 대비심大悲心으로 널리 구호하는 연고이니라."

일체불도 개실현전 낙관여래십종력고
一切佛道가 皆悉現前이니 樂觀如來十種力故며

"일체 부처님의 도道가 앞에 나타나나니, 여래의 열 가지 힘을 즐거이 보는 연고이니라."

거래현재일체보살 개실현전 동공원만
去來現在一切菩薩이 皆悉現前이니 同共圓滿

제선근고
諸善根故며

"과거 미래 현재의 일체 보살들이 앞에 나타나나니, 모든 선근을 함께 원만히 하는 연고이니라."

일체무외 개실현전 능작최상사자후고
一切無畏가 皆悉現前이니 能作最上獅子吼故며

"일체 두려움 없음이 앞에 나타나나니, 가장 높은 사자후를 짓는 연고이니라."

일체삼세 개실현전 득평등지 보관찰고
一切三世가 皆悉現前이니 得平等智하야 普觀察故며

"일체 삼세三世가 앞에 나타나나니, 평등한 지혜로 두루 관찰하는 연고이니라."

일체세간 개실현전 발광대원 진미래겁 수보리고
一切世間이 皆悉現前이니 發廣大願하야 盡未來劫토록 修菩提故며

"일체 세간이 앞에 나타나나니, 광대한 서원을 발하여 미래 세월이 끝나도록 보리를 닦는 연고이니라."

일체보살무피염행 개실현전 발무수량
一切菩薩無疲厭行이 皆悉現前이니 發無數量

광대심고
廣大心故니라

"일체 보살의 고달픈 줄 모르는 행行이 앞에 나타나나니, 한량없이 광대한 마음을 내는 연고이니라."

불자 보살마하살 시수육시 이차선근
佛子야 菩薩摩訶薩이 施髓肉時에 以此善根으로

여시회향
如是迴向하나니

"불자들이여, 보살마하살이 골수와 살을 보시할 때에 이러한 선근으로 이와 같이 회향하느니라."

아래는 모두 보살이 뼈와 살을 보시한 선근으로 원을 세워 회향하는 내용이다. 뼈와 살은 사람의 몸이다. 그러므로 곧 몸을 보시하는 것과 같기 때문에 몸에 대한 내용으로 표현되었다.

소위원일체중생 득금강신 불가저괴
所謂願一切衆生이 得金剛身하야 不可沮壞하며

"이른바 '원컨대 일체 중생이 금강金剛 같은 몸을 얻어 부술 수 없어지이다.' 라고 하느니라."

원일체중생 득견밀신 항무결감
願一切衆生이 得堅密身하야 恒無缺減하며

"'원컨대 일체 중생이 굳고 치밀한 몸을 얻어 이지러짐이 없어지이다.' 라고 하느니라."

원일체중생 득의생신 유여불신 장엄
願一切衆生이 得意生身하야 猶如佛身의 莊嚴

청정
清淨하며

"'원컨대 일체 중생이 뜻대로 가서 나는 몸을 얻어 부처님의 몸처럼 장엄이 청정하여지이다.' 라고 하느니라."

원일체중생 득백복상신 삼십이상 이
願一切衆生이 得百福相身하야 三十二相으로 而

자장엄
自莊嚴하며

"'원컨대 일체 중생이 백 가지 복상福相을 갖춘 몸을 얻어 서른두 가지 몸이 저절로 장엄하여지이다.' 라고 하느니라."

원일체중생 득팔십종호묘장엄신 구족
願一切衆生이 得八十種好妙莊嚴身하야 具足

십력 불가단괴
十力하야 不可斷壞하며

"'원컨대 일체 중생이 팔십 가지 잘생긴 몸매로 장엄한 몸을 얻어 십력을 갖추어 깨뜨릴 수 없어지이다.' 라고 하느니라."

원일체중생 득여래신 구경청정 불
願一切衆生이 得如來身하야 究竟淸淨하야 不

가 한 량
可限量하며

"'원컨대 일체 중생이 여래의 몸을 얻어 끝까지 청정하여 한량할 수 없어지이다.' 라고 하느니라."

원일체중생 득견고신 일체마원 소불
願一切衆生이 得堅固身하야 一切魔怨의 所不

능 괴
能壞며

"'원컨대 일체 중생이 견고한 몸을 얻어 모든 마군들이 파괴할 수 없어지이다.' 라고 하느니라."

원일체중생 득일상신 여삼세불 동일
願一切衆生이 得一相身하야 與三世佛로 同一

신 상
身相하며

"'원컨대 일체 중생이 한 모양인 몸을 얻어 삼세의 부처님들과 몸의 모습이 같아지이다.' 라고 하느니라."

원일체중생 득무애신 이정법신 변
願一切衆生이 得無礙身하야 以淨法身으로 徧

허공계
虛空界하며

"'원컨대 일체 중생이 장애 없는 몸을 얻어 청정한 법신이 허공계에 가득하여지이다.' 라고 하느니라."

원일체중생 득보리장신 보능용납일체
願一切衆生이 得菩提藏身하야 普能容納一切

세간
世間이니라

"'원컨대 일체 중생이 보리 곳집[菩提藏]의 몸을 얻어 모든 세계를 두루 용납하여지이다.' 라고 하느니라."

시위보살마하살 구일체지 시수육시
是爲菩薩摩訶薩의 求一切智하야 施髓肉時에

선근회향 위령중생 개득여래구경청정무
善根廻向이니 爲令衆生으로 皆得如來究竟淸淨無

량 신 고
量身故니라

"이것이 보살마하살이 일체 지혜를 구하려고 골수와 살을 보시할 때에 선근으로 회향하는 것이니라. 중생들로 하여금 모두 여래의 끝까지 청정하고 한량없는 몸을 얻게 하려는 연고이니라."

보살이 일체 지혜를 구하기 위해서 뼈와 살을 보시하여 회향하는 내용을 설하여 마쳤다. 또한 중생들로 하여금 모두 여래의 끝까지 청정하고 한량없는 몸을 얻게 하려는 목적임을 밝혔다.

35〉 심장心臟을 보시하다

불자 보살마하살 이심보시제래걸자
佛子야 菩薩摩訶薩이 以心布施諸來乞者호대

여무회염보살 무애왕보살 급여무량제대
如無悔厭菩薩과 無礙王菩薩과 及餘無量諸大

보 살
菩薩하야

"불자들이여, 보살마하살이 심장心臟을 구걸하는 이에게 보시하기를 무회염無悔厭보살과 무애왕無礙王보살과 다른 무량한 보살들과 같이 하느니라."

60종의 보시 가운데 심장心臟을 보시하여 회향하는 것을 밝혔다. 사람이 죽으면 모두 심장이 마비되었다고 한다. 심장은 곧 사람의 생명을 판단하는 장기이다. 그런 심장을 보시한다는 것은 생명 자체를 보시하는 일이다. 무회염無悔厭보살과 무애왕無礙王보살과 다른 무량한 보살들이 심장을 보시한 사연은 알 수 없다.

이기자심　시걸자시　학자재시심　수일
以其自心으로 **施乞者時**에 **學自在施心**과 **修一**
체시심　습행단바라밀심　성취단바라밀심
切施心과 **習行檀波羅蜜心**과 **成就檀波羅蜜心**과
학일체보살보시심
學一切菩薩布施心과

"자기의 심장을 구걸하는 이에게 보시할 적에 자재하

게 보시함을 배우는 마음과 모든 것을 보시함을 닦는 마음과 보시바라밀다를 익히는 마음과 보시바라밀다를 성취하는 마음과 모든 보살의 보시를 배우는 마음으로 하느니라."

일체실사무진심 일체실시관습심 하부
一切悉捨無盡心과 **一切悉施慣習心**과 **荷負**
일체보살시행심 정념일체제불현전심 공
一切菩薩施行心과 **正念一切諸佛現前心**과 **供**
양일체제래걸자무단절심
養一切諸來乞者無斷絶心이니라

"온갖 것을 모두 버리되 다함이 없는 마음과 온갖 것을 다 보시하는 습관의 마음과 모든 보살의 보시하던 행行을 짊어지는 마음과 일체 부처님이 앞에 나타나심을 바르게 생각하는 마음과 와서 구걸하는 여러 사람에게 공양하되 끊어짐이 없이 공양하는 마음으로 하느니라."

보살이 심장을 보시할 때에 경문에서 열거한 열 가지 마음으로 보시한다. 심장을 보시한다면 그 어떤 보살의 수승한 마음도 다 그 속에 포함될 것이다.

보살마하살 여시시시 기심청정 위도
菩薩摩訶薩이 如是施時에 其心淸淨하야 爲度

일체제중생고 위득십력보리처고 위의대
一切諸衆生故며 爲得十力菩提處故며 爲依大

원이수행고 위욕안주보살도고 위욕성취
願而修行故며 爲欲安住菩薩道故며 爲欲成就

일체지고 위불사리본서원고 이제선근
一切智故며 爲不捨離本誓願故로 以諸善根으로

여시회향
如是廻向하나니

"보살마하살이 이와 같이 보시할 적에 그 마음이 청정하나니 일체 모든 중생을 제도하려는 연고며, 십력十力의 보리를 얻으려는 연고며, 대원大願을 의지하여 수행하려는 연고며, 보살의 도道에 편안히 머물려는 연고며, 일체 지혜를 성취하려는 연고며, 본래의 서원을 버리지 않으려는 연고이니라. 모든 선근으로 이와 같이 회향하느니라."

보살이 심장을 보시하는 까닭을 밝혔다. 일체 중생을 제도하기 위함이며, 부처님의 깨달음을 얻기 위함이며, 큰 서원을 의지해서 수행하기 위함이며, 보살의 도에 안주하기 위함이며, 일체 지혜를 성취하기 위함이며, 본래의 서원을 버리지 않기 위함이다. 이와 같은 까닭에 보살이 심장을 보시한다.

소위원일체중생 득금강장심 일체금강
所謂願一切衆生이 **得金剛藏心**하야 **一切金剛**

위산등 소불능괴
圍山等의 **所不能壞**며

"이른바 '원컨대 일체 중생이 금강장金剛藏의 마음을 얻어 모든 금강위산金剛圍山으로도 깨뜨릴 수 없어지이다.' 라고 하느니라."

원일체중생 득만상장엄금강계심 득무
願一切衆生이 **得卍相莊嚴金剛界心**하며 **得無**

능동요심 득불가공포심 득이익세간상
能動搖心하며 得不可恐怖心하며 得利益世間常

무진심 득대용맹당지혜장심
無盡心하며 得大勇猛幢智慧藏心하며

"'원컨대 일체 중생이 만卍 자 모양으로 장엄한 금강성품 같은 마음을 얻으며, 동요할 수 없는 마음을 얻으며, 두렵게 할 수 없는 마음을 얻으며, 세상을 이익하게 해도 항상 다함이 없는 마음을 얻으며, 크게 용맹한 깃대와 같은 지혜장智慧藏의 마음을 얻어지이다.' 라고 하느니라."

득여나라연견고당심 득여중생해불가진
得如那羅延堅固幢心하며 得如衆生海不可盡

심 득나라연장무능괴심 득멸제마업마
心하며 得那羅延藏無能壞心하며 得滅諸魔業魔

군중심 득무소외심
軍衆心하며 得無所畏心하며

"'나라연那羅延처럼 견고한 깃대 같은 마음을 얻으며, 중생 바다와 같이 다할 수 없는 마음을 얻으며, 나라연장那羅延藏과 같이 깨뜨릴 수 없는 마음을 얻으며, 마군의 업業과 마군의 군중을 멸하는 마음을 얻으며, 두려울 것 없는 마음을 얻어지이다.' 라고 하느니라."

득대위덕심　득상정진심　득대용맹심
得大威德心하며 **得常精進心**하며 **得大勇猛心**하며
득불경구심　득피금강갑주심　득제보살
得不驚懼心하며 **得被金剛甲冑心**하며 **得諸菩薩**
최상심
最上心하며

"'큰 위덕이 있는 마음을 얻으며, 항상 정진하는 마음을 얻으며, 크게 용맹한 마음을 얻으며, 놀라지 않는 마음을 얻으며, 금강 같은 갑주甲冑를 입는 마음을 얻으며, 모든 보살들의 최상인 마음을 얻어지이다.' 라고 하느니라."

득성취불법보리광명심　득보리수하좌
得成就佛法菩提光明心하며 **得菩提樹下坐**하야

안 주 일 체 제 불 정 법　이 제 미 혹　성 일 체 지
安住一切諸佛正法하야 **離諸迷惑**하고 **成一切智**

심　득 성 취 십 력 심
心하며 **得成就十力心**이니라

"'부처님의 법을 성취하는 보리의 광명한 마음을 얻으며, 보리수 아래에 앉아서 모든 부처님의 바른 법에 머물러 모든 미혹을 여의고 일체 지혜를 이루는 마음을 얻으며, 십력을 성취하는 마음을 얻어지이다.'라고 하느니라."

시 위 보 살 마 하 살　보 시 심 시　선 근 회 향
是爲菩薩摩訶薩의 **布施心時**에 **善根廻向**이니

위 령 중 생　불 염 세 간　구 족 여 래 십 력 심 고
爲令衆生으로 **不染世間**하야 **具足如來十力心故**니라

"이것이 보살마하살이 심장을 보시할 때에 선근으로 회향하는 것이니라. 중생들로 하여금 세간에 물들지 않고 여래의 십력의 마음을 구족케 하려는 연고이니라."

보살이 심장을 보시하여 회향하며 발원하는 내용을 설

하고, 다시 발원하는 까닭을 밝혔다.

36〉 창자와 콩팥과 간과 허파를 보시하다

불자　보살마하살　약유걸구장신간폐　실
佛子야 **菩薩摩訶薩**이 **若有乞求腸腎肝肺**에 **悉**

개시여　　여선시보살　항마자재왕보살　급
皆施與호대 **如善施菩薩**과 **降魔自在王菩薩**과 **及**

여무량제대보살
餘無量諸大菩薩이니라

"불자들이여, 보살마하살이 구걸하는 이에게 창자와 콩팥과 간과 허파를 모두 보시하느니라. 선시善施보살과 항마자재왕降魔自在王보살과 다른 무량한 여러 보살들과 같이 하느니라."

제6 수순견고일체선근회향의 60종의 보시 가운데 창자와 콩팥과 간과 허파를 보시하여 회향하는 것을 밝혔다. 선시善施보살과 항마자재왕降魔自在王보살과 다른 무량한 여러 보살들의 자세한 사례는 상고할 수 없다.

행차시시 견걸자래 기심환희 이애
行此施時에 **見乞者來**하고 **其心歡喜**하야 **以愛**

안관 위구보리 수기소수 실개시여
眼觀하며 **爲求菩提**하야 **隨其所須**하야 **悉皆施與**하고

심부중회 관찰차신 무유견고 아응시피
心不中悔하며 **觀察此身**이 **無有堅固**하야 **我應施彼**

취견고신
하야 **取堅固身**하며

"이 보시를 할 적에 구걸하는 이가 오는 것을 보고는 그 마음이 기뻐서 사랑하는 눈으로 보며, 보리菩提를 구하기 위하여 달라는 것을 모두 보시하되 중간에 후회하지 않으며, 이 몸은 견고하지 못함을 관찰하여 내가 그들에게 보시하고 견고한 몸을 취하리라 하느니라."

보살이 창자와 콩팥과 간과 허파를 구걸하는 사람에게 기쁜 마음으로 보시하고, 사랑하는 눈으로 그를 보아 달라는 대로 다 준다. 이 몸은 어차피 무너지고 없어질 몸이라고 관찰한다. 자신의 허망한 몸을 보시하고 견고한 몸을 취한다고 한 것은 이 선근으로 회향한 공덕이 세세생생에 그를

따르기 때문이다.

부념차신　심즉패괴　　견자생염　　호랑
復念此身이 **尋卽敗壞**하야 **見者生厭**하고 **狐狼**

아구지소담식　　차신　무상　　회당기사
餓狗之所噉食이라 **此身**이 **無常**하야 **會當棄捨**하야

위타소식　　무소각지
爲他所食호대 **無所覺知**니라

"또 생각하기를 이 몸은 마침내 허물어질 것이며, 보는 이가 싫어하고, 여우나 이리나 굶주린 개가 먹을 것이니라. 이 몸은 무상無常한 것이어서 모였다가 마땅히 버리고 떠나게 될 것이요, 그들이 먹어도 깨닫지 못하리라 하느니라."

보살이 창자와 콩팥과 간과 허파를 보시하면서 생각하는 바를 밝혔다. 이 몸은 언젠가 무너지고, 또 늙고 병들면 보기를 좋아하는 사람도 없을 것이다. 만약 송장이 되면 아무리 친하던 사람도 가까이하지 않을 것이다. 그리고 여우

나 이리나 굶주린 개가 물어뜯어도 아무런 감각이 없고 알지도 못하리라. 어차피 이와 같은 것을 조금 더 미리 주는 것일 뿐이다. 무엇이 아깝고 애석하겠는가.

불자 보살마하살 작시관시 지신무상
佛子야 **菩薩摩訶薩**이 **作是觀時**에 **知身無常**하야
예오지극 어법해오 생대환희 경심체
穢汚之極이라 **於法解悟**하야 **生大歡喜**하고 **敬心諦**
시피래걸자 여선지식이래호상 수소걸
視彼來乞者호대 **如善知識而來護想**하며 **隨所乞**
구 무불혜시 이불견신 역견고신
求하야 **無不惠施**하야 **以不堅身**으로 **易堅固身**이니라

"불자들이여, 보살마하살이 이렇게 관찰할 때에 몸은 무상한 것이라 더럽기 그지없음을 알고, 법을 깨달아 크게 기뻐하며, 공경하는 마음으로 구걸하는 이가 오는 것을 보고는 마치 선지식이 와서 구호하려는 듯이 생각하고 구걸하는 대로 모두 이바지하며, 견고하지 못한 몸으로 견고한 몸과 바꾸느니라."

보살이 자신의 몸을 이와 같이 생각하여 창자와 콩팥과 간과 허파를 보시하여 이 허망한 육신으로 만고에 변하지 않고 소멸하지 않을 금강과 같이 견고한 지혜의 몸과 공덕의 몸과 자비의 몸과 부처의 몸을 얻게 될 것이다. 사람으로서 설사 이와 같이 하지는 못할지라도 이 미묘하고 불가사의한 경문을 감동하고 환희한 마음으로 한 번 읽는 것만으로도 그 공덕은 무량할 것이다.

불자　보살마하살　여시시시　소유선근
佛子야 **菩薩摩訶薩**이 **如是施時**에 **所有善根**으로

실이회향
悉以廻向하나니

"불자들이여, 보살마하살이 이와 같이 보시할 적에 있는 선근을 모두 회향하느니라."

원일체중생　득지장신　내외청정
願一切衆生이 **得智藏身**하야 **內外淸淨**하며

"'원컨대 일체 중생이 지혜장智慧藏의 몸을 얻어 안과 밖이 청정하여지이다.' 라고 하느니라."

원일체중생 득복장신 능보임지일체지
願一切衆生이 **得福藏身**하야 **能普任持一切智**

원
願하며

"'원컨대 일체 중생이 복장福藏의 몸을 얻어 온갖 지혜를 얻으려는 소원을 널리 지니어지이다.' 라고 하느니라."

원일체중생 득상묘신 내온묘향 외발
願一切衆生이 **得上妙身**하야 **內蘊妙香**하고 **外發**

광명
光明하며

"'원컨대 일체 중생이 가장 미묘한 몸을 얻어 안에는 묘한 향이 가득하고 밖으로는 광명을 발하여지이다.' 라고 하느니라."

원일체중생 득복불현신 상하단직 지
願一切衆生이 得腹不現身하야 上下端直하야 肢

절상칭
節相稱하며

"'원컨대 일체 중생이 배가 드러나지 않는 몸을 얻어 아래위가 단정하고 팔다리가 서로 어울려지이다.' 라고 하느니라."

원일체중생 득지혜신 이불법미 충열
願一切衆生이 得智慧身하야 以佛法味로 充悅

자장
滋長하며

"'원컨대 일체 중생이 지혜의 몸을 얻어 불법佛法의 맛으로 만족하고 기쁘게 자라나지이다.' 라고 하느니라."

원일체중생 득무진신 수습안주심심법
願一切衆生이 得無盡身하야 修習安住甚深法

성
性하며

"'원컨대 일체 중생이 다함없는 몸을 얻어 깊고 깊은 법의 성품에 편안히 머물도록 닦고 익혀지이다.' 라고 하느니라."

원일체중생 득다라니청정장신 이묘변
願一切衆生이 得陀羅尼淸淨藏身하야 以妙辯

재 현시제법
才로 顯示諸法하며

"'원컨대 일체 중생이 다라니이며 청정한 장藏의 몸을 얻어 미묘한 변재로 모든 법을 나타내 보여지이다.' 라고 하느니라."

원일체중생 득청정신 약신약심 내외
願一切衆生이 得淸淨身하야 若身若心이 內外

구정
俱淨하며

"'원컨대 일체 중생이 청정한 몸을 얻어 몸과 마음이 안팎으로 모두 청정하여지이다.' 라고 하느니라."

원일체중생 득여래지심관행신 지혜충
願一切衆生이 **得如來智深觀行身**하야 **智慧充**

만 우대법우
滿하야 **雨大法雨**하며

"'원컨대 일체 중생이 여래의 지혜로 깊이 관하고 행하는 몸을 얻어 지혜가 충만하며 큰 법의 비를 내려지이다.' 라고 하느니라."

원일체중생 득내적신 외위중생 작지
願一切衆生이 **得內寂身**하야 **外爲衆生**하야 **作智**

당왕 방대광명 보조일체
幢王하고 **放大光明**하야 **普照一切**니라

"'원컨대 일체 중생이 안으로 고요한 몸을 얻고 밖으로 중생을 위하여 지혜 깃대의 왕[智幢王]이 되어 큰 광명을 놓아 모든 것을 널리 비추어지이다.' 라고 하느니라."

시위보살마하살 시장신간폐 선근회향
是爲菩薩摩訶薩의 **施腸腎肝肺**하야 **善根廻向**

위령중생 내외청정 개득안주무애지
이니 爲令衆生으로 內外淸淨하야 皆得安住無礙智

고
故니라

"이것이 보살마하살이 창자와 콩팥과 간과 허파를 보시하면서 선근으로 회향하는 것이니라. 중생들로 하여금 안과 밖이 청정하여 걸림 없는 지혜에 편안히 머물게 하려는 연고이니라."

보살이 창자와 콩팥과 간과 허파를 보시하면서 선근으로 회향하는 내용을 설하여 마쳤다. 그리고 그 까닭을 중생들로 하여금 안과 밖이 청정하여 걸림 없는 지혜에 편안히 머물게 하려는 연고라고 하였다.

37〉 팔다리와 뼈를 보시하다

불자 보살마하살 보시걸자지절제골
佛子야 菩薩摩訶薩이 布施乞者肢節諸骨호대

여법장보살 광명왕보살 급여무량제대보
如法藏菩薩과 光明王菩薩과 及餘無量諸大菩

살
薩이니라

"불자들이여, 보살마하살이 팔다리와 뼈로써 구걸하는 이에게 보시하되 법장法藏보살과 광명왕光明王보살과 다른 무량한 보살들과 같이 하느니라."

앞에서는 보살이 창자와 콩팥과 간과 허파를 보시하였고, 여기서는 팔다리와 뼈로써 보시하여 회향하는 내용을 밝힌다. 법장法藏보살과 광명왕光明王보살과 다른 무량한 보살들의 사례는 상고할 바가 없다.

시기신분지절골시 견걸자래 생애락심
施其身分肢節骨時에 **見乞者來**하고 **生愛樂心**과

환희심 정신심 안락심 용맹심 자심 무
歡喜心과 **淨信心**과 **安樂心**과 **勇猛心**과 **慈心**과 **無**

애심 청정심 수소걸구개시여심
礙心과 **淸淨心**과 **隨所乞求皆施與心**하야

"몸의 부분이나 팔다리와 뼈를 보시할 적에 구걸하는

이가 오는 것을 보면 사랑하는 마음과 환희한 마음과 청정하게 믿는 마음과 안락한 마음과 용맹한 마음과 인자한 마음과 걸림 없는 마음과 청정한 마음과 구하는 대로 모두 주는 마음을 내느니라."

보살이 팔다리와 뼈를 보시할 적에 사랑하는 마음, 기쁜 마음, 청정한 믿음의 마음 등을 낸다는 것이 어찌 쉬운 일이겠는가. 그러나 이와 같은 보살의 마음을 한 번 듣는 것만으로도 큰 복덕의 인연이 되리라.

보살마하살 시신골시 이제선근 여시
菩薩摩訶薩이 **施身骨時**에 **以諸善根**으로 **如是**

회향
廻向하나니라

"보살마하살이 몸과 뼈를 보시할 때에 모든 선근으로 이와 같이 회향하느니라."

소위원일체중생　득여화신　불부갱수골
所謂願一切衆生이 得如化身하야 不復更受骨

육혈신
肉血身하며

"이른바 '원컨대 일체 중생이 변화함과 같은 몸을 얻고 다시는 뼈와 살과 피로 된 몸을 받지 말아지이다.' 라고 하느니라."

원일체중생　득금강신　불가파괴　무능
願一切衆生이 得金剛身하야 不可破壞하야 無能

승자
勝者하며

"'원컨대 일체 중생이 금강金剛과 같은 몸을 얻어 파괴할 수도 없고 이길 이도 없게 하여지이다.' 라고 하느니라."

원일체중생　득일체지원만법신　어무박
願一切衆生이 得一切智圓滿法身하야 於無縛

무 착 무 계 계 생
無着無繫界生하며

"'원컨대 일체 중생이 온갖 지혜가 원만한 법신을 얻어 속박이 없고 집착이 없고 얽매임이 없는 세계에 나게 하여지이다.' 라고 하느니라."

원 일 체 중 생　득 지 력 신　제 근 원 만　부
願一切衆生이 得智力身하야 諸根圓滿하야 不

단 불 괴
斷不壞하며

"'원컨대 일체 중생이 지혜의 힘으로 된 몸을 얻어 여러 감관이 원만하여 끊어지지도 않고 무너지지도 않게 하여지이다.' 라고 하느니라."

원 일 체 중 생　득 법 력 신　지 력 자 재　도
願一切衆生이 得法力身하야 智力自在하야 到

어 피 안
於彼岸하며

"'원컨대 일체 중생이 법력으로 된 몸을 얻고 지혜와 힘이 자재하여 저 언덕에 이르러지이다.' 라고 하느니라."

원일체중생 득견고신 기신진실 상무
願一切衆生이 **得堅固身**하야 **其身眞實**하야 **常無**

산괴
散壞하며

"'원컨대 일체 중생이 견고한 몸을 얻고 그 몸이 진실하여 항상 파괴되어 흩어지지 말아지이다.' 라고 하느니라."

원일체중생 득수응신 교화조복일체중
願一切衆生이 **得隨應身**하야 **教化調伏一切衆**

생
生하며

"'원컨대 일체 중생이 다른 이를 따라 응하는 몸을 얻어 모든 중생을 교화하고 조복하여지이다.' 라고 하느니라."

원일체중생 득지훈신 구나라연지절대
願一切衆生이 得智熏身하야 具那羅延肢節大

력
力하며

"'원컨대 일체 중생이 지혜로 훈습熏習한 몸을 얻어 나라연과 같이 팔다리에 큰 힘을 갖추어지이다.' 라고 하느니라."

원일체중생 득견고상속부단절신 영리
願一切衆生이 得堅固相續不斷絶身하야 永離

일체피극로권
一切疲極勞倦하며

"'원컨대 일체 중생이 견고하고 서로 계속하여 끊어지지 않는 몸을 얻어 모든 피곤하고 권태함을 영원히 여의어지이다.' 라고 하느니라."

원일체중생 득대력안주신 실능구족정
願一切衆生이 得大力安住身하야 悉能具足精

진 대 력
進大力하며

"'원컨대 일체 중생이 큰 힘으로 편히 머무는 몸을 얻어 모두 정진하는 큰 힘을 갖추어지이다.' 라고 하느니라."

원 일 체 중 생　득 변 세 간 평 등 법 신　주 어 무
願一切衆生이 得徧世間平等法身하야 住於無

량 최 상 지 처
量最上智處하며

"'원컨대 일체 중생이 세간에 두루 평등한 몸을 얻어 한량없고 가장 높은 지혜 있는 곳에 머물러지이다.' 라고 하느니라."

원 일 체 중 생　득 복 덕 력 신　견 자 몽 익
願一切衆生이 得福德力身하야 見者蒙益하야

원 리 중 악
遠離衆惡하며

"'원컨대 일체 중생이 복덕의 힘으로 된 몸을 얻어 보는 이는 이익을 받고 악한 일은 멀리 여의어지이다.' 라고 하느니라."

원일체중생 득무의처신 개득구족무의
願一切衆生이 **得無依處身**하야 **皆得具足無依**

착지
着智하며

"'원컨대 일체 중생이 의지할 데 없는 몸을 얻어 의지하여 집착함이 없는 지혜를 구족하여지이다.' 라고 하느니라."

원일체중생 득불섭수신 상위일체제불
願一切衆生이 **得佛攝受身**하야 **常爲一切諸佛**

가호
加護하며

"'원컨대 일체 중생이 부처님이 거두어 주시는 몸을 얻어 항상 일체 모든 부처님의 가호를 받아지이다.' 라고 하느니라."

원일체중생 득보요익제중생신 실능변
願一切衆生이 得普饒益諸衆生身하야 悉能徧

입일체제도
入一切諸道하며

"'원컨대 일체 중생이 중생들을 두루 이익하게 하는 몸을 얻어 모든 갈래에 두루 들어가지이다.' 라고 하느니라."

원일체중생 득보현신 보능조현일체불
願一切衆生이 得普現身하야 普能照現一切佛

법
法하며

"'원컨대 일체 중생이 두루 나타나는 몸을 얻어 모든 불법佛法을 비추어 드러나게 하여지이다.' 라고 하느니라."

원일체중생 득구족정진신 전념근수대
願一切衆生이 得具足精進身하야 專念勤修大

승지행
乘智行하며

"'원컨대 일체 중생이 구족하게 정진하는 몸을 얻어 대승大乘의 지혜와 행行을 전심으로 닦게 하여지이다.'라고 하느니라."

원일체중생 득이아만공고청정신 지상
願一切衆生이 得離我慢貢高淸淨身하야 智常

안주 무소동란
安住하야 無所動亂하며

"'원컨대 일체 중생이 아만과 잘난 체함을 여읜 청정한 몸을 얻고 지혜가 항상 편안히 머물러 동요함이 없어지이다.'라고 하느니라."

원일체중생 득견고행신 성취대승일체
願一切衆生이 得堅固行身하야 成就大乘一切

지 업
智業하며

"'원컨대 일체 중생이 견고하게 행하는 몸을 얻어 대승의 온갖 지혜의 업業을 성취하여지이다.' 라고 하느니라."

원 일 체 중 생　득 불 가 신　영 리 세 간 일 체 생
願一切衆生이 得佛家身하야 永離世間一切生

사
死니라

"'원컨대 일체 중생이 부처님 가문의 몸을 얻어 세간의 모든 생사를 영원히 떠나지이다.' 라고 하느니라."

시 위 보 살 마 하 살　시 신 골 시　선 근 회 향
是爲菩薩摩訶薩의 施身骨時에 善根廻向이니

위 령 중 생　득 일 체 지　영 청 정 고
爲令衆生으로 得一切智하야 永淸淨故니라

"이것이 보살마하살이 몸과 뼈를 보시할 때에 선근으로 회향하는 것이니라. 중생들로 하여금 온갖 지혜가 길

이 청정함을 얻게 하려는 연고이니라."

보살이 몸과 뼈를 보시할 때에 선근으로 회향하는 내용을 설하여 마쳤다. 또 그 목적으로는 중생들로 하여금 온갖 지혜가 길이 청정함을 얻게 하려는 까닭이라고 하였다.

38〉 몸의 피부를 보시하다

불자 보살마하살 견유인래 수집이도
佛子야 菩薩摩訶薩이 見有人來하야 手執利刀

걸기신피 심생환희 제근열예 비여
하고 乞其身皮에 心生歡喜하야 諸根悅豫호대 譬如

유인 혜이중은 봉영인납 부좌영좌
有人이 惠以重恩하야 逢迎引納하야 敷座令坐하고

곡궁공경 이작시념
曲躬恭敬하야 而作是念호대

"불자들이여, 보살마하살이 어떤 사람이 와서 날카로운 칼을 들고 몸의 피부를 달라는 이를 보고, 마음이 환희하고 여러 감관이 화열和悅한 것이, 비유하면 마치 크게 은혜 입은 사람을 대하듯이 맞아들여 자리를 깔아 앉게 하고 허리를 굽혀 공경하듯이 하며 이러한 생각을 하느니라."

다음은 보살이 몸의 피부를 보시하여 회향하는 내용이다. 날카로운 칼을 들고 몸의 피부를 벗기려고 오는 사람에게 마음이 환희하고 여러 감관이 화열和悅한 것이 비유하면 마치 크게 은혜 입은 사람을 대하듯이 맞아들여 자리를 깔아 앉게 하고 허리를 굽혀 공경하듯이 한다고 하였다.

차래걸자 심위난우 사욕만아일체지원
此來乞者가 **甚爲難遇**니 **斯欲滿我一切智願**일새

고래구색 요익어아 환희화안 이어지
故來求索하야 **饒益於我**라하야 **歡喜和顔**으로 **而語之**

언 아금차신 일체개사 소수피자 수
言호대 **我今此身**을 **一切皆捨**호리니 **所須皮者**는 **隨**

의취용
意取用하라하야

"'이렇게 와서 구걸하는 사람은 매우 만나기 어렵도다. 나의 일체 지혜와 소원을 만족하게 하려고 와서 구걸하는 것이니 나에게 이익한 일이다.' 하고, 환희하고 화평한 얼굴로 말하되 '나는 지금 이 몸의 모든 것을 다 버리리니 피부가 필요하면 마음대로 가져가라.' 라고 하느니라."

보살이 몸의 피부를 벗기려고 오는 사람을 대하여 '나의 일체 지혜와 소원을 만족하게 하려고 와서 구걸하는 것이니 나에게 이익한 일이다.'라고 생각한다니, 또한 '나는 지금 이 몸의 모든 것을 다 버리리니 피부가 필요하면 마음대로 가져가라.'라고 한다니, 어찌 이럴 수 있겠는가. 소위 '전국구' 라는 사람들이 와서 돈 몇 만 원 구걸하는 것을 어찌 거절할 수 있겠는가. 기쁜 마음으로 베풀어야 할 일이다.

유 여 왕 석 청 정 장 보 살　금 협 록 왕 보 살　급
猶如往昔清淨藏菩薩과 **金脇鹿王菩薩**과 **及**

여 무 량 제 대 보 살　등 무 유 이
餘無量諸大菩薩하야 **等無有異**하고

"마치 옛날의 청정장清淨藏보살과 금협록왕金脇鹿王보살과 다른 무량한 보살들과 같아서 다름이 없이 하느니라."

옛날의 청정장清淨藏보살과 금협록왕金脇鹿王보살과 다른 무량한 보살들이 몸의 피부를 보시한 사연은 알 수 없다.

보살 이시 이제선근 여시회향
菩薩이 **爾時**에 **以諸善根**으로 **如是廻向**하나니

"보살이 이때에 모든 선근으로 이와 같이 회향하느니라."

소위원일체중생 득미세피 유여여래
所謂願一切衆生이 **得微細皮**호대 **猶如如來**의
색상청정 견자무염
色相清淨하야 **見者無厭**하며

"이른바 '원컨대 일체 중생이 미묘하고 부드러운 피부를 얻어 마치 여래의 몸매가 청정한 것처럼 보는 이

를 싫어할 줄 모르게 하여지이다.' 라고 하느니라."

원일체중생 득불괴피 유여금강 무능
願一切衆生이 得不壞皮호대 猶如金剛하야 無能
괴자
壞者하며

"'원컨대 일체 중생이 파괴할 수 없는 피부를 얻어 마치 금강을 파괴할 수 없음과 같아지이다.' 라고 하느니라."

원일체중생 득금색피 여염부단상묘진
願一切衆生이 得金色皮하야 如閻浮檀上妙眞
금 청정명결
金의 淸淨明潔하며

"'원컨대 일체 중생이 금빛 피부를 얻어 마치 아름다운 염부단금과 같이 청정하고 정결하여지이다.' 라고 하느니라."

원일체중생 득무량색피 수기심락
願一切衆生이 得無量色皮하야 隨其心樂하야

현청정색
現清淨色하며

"'원컨대 일체 중생이 한량없는 색이 있는 피부를 얻어 마음에 좋아하는 대로 청정한 색이 나타나게 하여지이다.' 라고 하느니라."

원일체중생 득정묘색피 구족사문 선
願一切衆生이 得淨妙色皮하야 具足沙門의 善

연청정 여래색상
軟清淨한 如來色相하며

"'원컨대 일체 중생이 깨끗하고 아름다운 빛깔이 있는 피부를 얻어 사문의 유연하고 청정함과 여래의 상호를 구족하게 하여지이다.' 라고 하느니라."

원일체중생 득제일색피 자성청정
願一切衆生이 得第一色皮하야 自性清淨하야

색 상 무 비
色相無比하며

"'원컨대 일체 중생이 제일의 색色인 피부를 얻어 제 성품이 청정하고 빛깔이 비길 데 없어지이다.' 라고 하느니라."

원 일 체 중 생 성 취 여 래 청 정 색 피 이 제 상
願一切衆生이 成就如來淸淨色皮하야 以諸相

호 이 자 장 엄
好로 而自莊嚴하며

"'원컨대 일체 중생이 여래의 청정한 빛을 가진 피부를 얻어 모든 상호로 장엄하여지이다.' 라고 하느니라."

원 일 체 중 생 득 묘 색 피 방 대 광 명 보 조
願一切衆生이 得妙色皮하야 放大光明하야 普照

일 체
一切하며

"'원컨대 일체 중생이 아름다운 빛을 가진 피부를 얻어 큰 광명으로 모든 것을 두루 비추어지이다.' 라고 하느니라."

원일체중생 득명망피 여세고당 방불
願一切衆生이 得明網皮하야 如世高幢하야 放不
가설원만광명
可說圓滿光明하며

"'원컨대 일체 중생이 밝은 그물 무늬의 피부를 얻어 세상의 높은 깃대처럼 말할 수 없이 원만한 광명을 놓게 하여지이다.' 라고 하느니라."

원일체중생 득윤택색피 일체색상 실
願一切衆生이 得潤澤色皮하야 一切色相이 悉
개청정
皆淸淨이니라

"'원컨대 일체 중생이 윤택한 색의 피부를 얻어 모든 빛깔이 다 청정하여지이다.' 라고 하느니라."

시위보살마하살 시신피시 선근회향
是爲菩薩摩訶薩의 施身皮時에 善根廻向이니

위령중생 개득일체엄정불찰 구족여래
爲令衆生으로 皆得一切嚴淨佛刹하야 具足如來

대공덕고
大功德故니라

"이것이 보살마하살이 몸의 피부로 보시할 때에 선근으로 회향하는 것이니라. 중생들로 하여금 모든 것으로 깨끗하게 장엄한 부처님 세계를 얻어 여래의 큰 공덕을 구족케 하려는 것이니라."

보살이 몸의 피부를 보시하여 회향하는 설법을 마쳤다. 중생들로 하여금 모든 것으로 깨끗하게 장엄한 부처님 세계를 얻어 여래의 큰 공덕을 구족케 하려는 것이 그 목적임을 밝혔다.

39〉 손가락과 발가락을 보시하다

불자 보살마하살 이수족지 시제걸자
佛子야 **菩薩摩訶薩**이 **以手足指**로 **施諸乞者**호대

여견정진보살 염부제자재왕보살 급여무량
如堅精進菩薩과 **閻浮提自在王菩薩**과 **及餘無量**

제대보살
諸大菩薩하야

"불자들이여, 보살마하살이 손가락과 발가락을 구걸하는 이에게 보시하되 견정진堅精進보살과 염부제자재왕閻浮提自在王보살과 다른 무량한 보살들과 같이 하느니라."

60종의 보시 가운데 손가락과 발가락을 보시하여 회향하는 내용을 밝혔다. 견정진堅精進보살과 염부제자재왕閻浮提自在王보살과 다른 무량한 보살들이 보시한 내용은 자세하지 않다.

보살 이시 안모화열 기심안선 무유
菩薩이 **爾時**에 **顔貌和悅**하며 **其心安善**하며 **無有**

전도 승어대승 불구미욕 불상명문
顚倒하며 **乘於大乘**하며 **不求美欲**하며 **不尙名聞**하고

단 발 보 살 광 대 지 의　　원 리 간 질 일 체 제 구
但發菩薩廣大之意하며 **遠離慳嫉一切諸垢**하고

전 향 여 래 무 상 묘 법
專向如來無上妙法이니라

"보살이 그때에 얼굴이 화열하고 마음이 편안하며, 전도顚倒한 일이 없이 대승법을 의지하여 아름다움의 욕망을 구하지도 않고, 명예를 숭상하지도 않으며, 다만 보살의 광대한 뜻을 내어 간탐과 질투의 일체 모든 때를 멀리 여의고 여래의 위없이 묘한 법을 오로지 구하느니라."

보살은 자신의 손가락과 발가락을 나누어 주면서도 그 마음이 편안하다. 아름다움의 욕망을 구하지도 않고, 명예를 숭상하지도 않는다. 오로지 여래의 위없이 묘한 법을 구할 뿐이다.

불 자　보 살 마 하 살　여 시 시 시　섭 제 선 근
佛子야 **菩薩摩訶薩**이 **如是施時**에 **攝諸善根**하야

실 이 회 향
悉以迴向하나니

"불자들이여, 보살마하살이 이와 같이 보시할 적에 여러 선근을 거두어 모두 회향하느니라."

원 일 체 중 생　득 섬 장 지　여 불 무 이
願一切衆生이 **得纖長指**하야 **與佛無異**하며

"'원컨대 일체 중생이 가늘고 긴 손가락을 얻어 부처님과 다름이 없어지이다.' 라고 하느니라."

원 일 체 중 생　득 용 원 지　상 하 상 칭
願一切衆生이 **得傭圓指**하야 **上下相稱**하며

"'원컨대 일체 중생이 고르고 원만한 손가락을 얻어 아래위가 서로 어울려지이다.' 라고 하느니라."

원 일 체 중 생　득 적 동 갑 지　기 갑 융 기
願一切衆生이 **得赤銅甲指**하야 **其甲隆起**하야

청정감철
淸淨鑑徹하며

"'원컨대 일체 중생이 붉은 구릿빛 손톱을 얻어 손톱이 볼록하고 청정하여 거울처럼 투명하여지이다.' 라고 하느니라."

원일체중생 득일체지승장부지 실능섭
願一切衆生이 得一切智勝丈夫指하야 悉能攝

지일체제법
持一切諸法하며

"'원컨대 일체 중생이 온갖 지혜로 이룬 훌륭한 장부의 손가락을 얻어 모든 법을 능히 거두어 가져지이다.' 라고 하느니라."

원일체중생 득수호지 구족십력
願一切衆生이 得隨好指하야 具足十力하며

"'원컨대 일체 중생이 잘생긴 손가락을 얻어 십력을

구족하여지이다.' 라고 하느니라."

원일체중생 득대인지 섬총제등
願一切衆生이 **得大人指**하야 **纖傭齊等**하며

"'원컨대 일체 중생이 대인大人의 손가락을 얻어 가늘고 고르며 어긋나지 않아[齊等]지이다.' 라고 하느니라."

원일체중생 득윤상지 지절원만 문상우선
願一切衆生이 **得輪相指**하야 **指節圓滿**하고 **文相右旋**하며

"'원컨대 일체 중생이 바퀴살 무늬 있는 손가락을 얻어 손가락 마디가 원만하고 손금이 오른쪽으로 돌아가지이다.' 라고 하느니라."

원일체중생 득여연화만자선지 십력업
願一切衆生이 **得如蓮華卍字旋指**하야 **十力業**

보 상호장엄
報로 相好莊嚴하며

"'원컨대 일체 중생이 연꽃 같은 만卍 자 모양으로 손금이 돌아가는 손가락을 얻어 십력의 업보業報로 된 상호相好로 장엄하여지이다.' 라고 하느니라."

원일체중생 득광장지 방대광명 조불
願一切衆生이 得光藏指하야 放大光明하야 照不

가설제불세계
可說諸佛世界하며

"'원컨대 일체 중생이 광명의 장[光藏]인 손가락을 얻고 큰 광명을 놓아 말할 수 없는 부처님 세계를 비추어지이다.' 라고 하느니라."

원일체중생 득선안포지 선교분포
願一切衆生이 得善安布指하야 善巧分布하야

망만구족
網縵具足이니라

"'원컨대 일체 중생이 잘 펼쳐지는 손가락을 얻어 능숙하게 분포分布되는 그물 무늬 막이 구족하여지이다.' 라고 하느니라."

시위보살마하살 보시지시 선근회향
是爲菩薩摩訶薩의 **布施指時**에 **善根迴向**이니

위령중생 일체개득심청정고
爲令衆生으로 **一切皆得心淸淨故**니라

"이것이 보살마하살이 손가락을 보시할 때에 선근으로 회향하는 것이니라. 중생들로 하여금 모두 청정한 마음을 얻게 하려는 연고이니라."

60종의 보시 가운데 39번째, 손가락과 발가락을 보시하여 회향하는 설법을 마쳤다. 중생들로 하여금 모두 청정한 마음을 얻게 하려는 연고임을 밝혔다.

40〉 살이 붙어 있는 손톱을 보시하다

불자 보살마하살 청구법시 약유인언
佛子야 菩薩摩訶薩이 請求法時에 若有人言호대

여능시아연육조갑 당여여법 보살 답
汝能施我連肉爪甲인댄 當與汝法이라하면 菩薩이 答

언 단여아법 연육조갑 수의취용
言호대 但與我法하고 連肉爪甲은 隨意取用하라하야

여구법자재왕보살 무진보살 급여무량제
如求法自在王菩薩과 無盡菩薩과 及餘無量諸

대보살
大菩薩하야

"불자들이여, 보살마하살이 법을 구할 적에 만약 어떤 사람이 말하기를 '그대가 살이 붙어 있는 손톱을 나에게 보시한다면 법을 그대에게 주리라.' 하거든, 보살이 대답하되 '다만 나에게 법을 주면 살이 붙어 있는 손톱을 마음대로 가져가라.' 하여, 마치 구법자재왕求法自在王보살과 무진無盡보살과 다른 무량한 보살들과 같이 하느니라."

60종의 보시 중 40번째는 살이 붙어 있는 손톱을 보시하여 회향하는 내용이다. 보살이 법을 구하기 위해서는 그 어떤 보시도 다 한다. 목숨도 기꺼이 버리거늘 살이 붙어 있는 손톱이야 두말할 나위가 있겠는가. 열반경에 설산雪山동자가 게송 한 구절을 얻어 듣기 위해 그 몸을 산 채로 나찰에게 바친 역사가 있지 않은가. 정법을 구한다는 것은 그와 같이 중요하다. 구법자재왕求法自在王보살과 무진無盡보살과 다른 무량한 보살들이 살이 붙은 손톱을 보시하여 법을 구한 사연은 자세히 알 수 없다.

위구법고 욕이정법 개시연설 요익
爲求法故며 欲以正法으로 開示演說하야 饒益

중생 일체개령득만족고 사연육조갑 여
衆生하야 一切皆令得滿足故로 捨連肉爪甲하야 與

제걸자
諸乞者하고

"법을 구하기 위한 연고며, 바른 법으로 중생들에게 열어 보이고 연설하여 이익케 하며, 일체 중생들로 하여금 다 만족함을 얻게 하려는 연고로 살이 붙어 있는 손톱을 구걸하는 이에게 주는 것이니라."

살이 붙은 손톱을 보시하는 것은 법을 구하여 정법으로 중생들에게 열어 보이고 연설하여 이익케 하며, 일체 중생들로 하여금 다 만족케 하려는 뜻이라는 것을 밝혔다.

보살　이시　이차선근　여시회향
菩薩이 **爾時**에 **以此善根**으로 **如是廻向**하나니

"보살이 이때에 이런 선근으로 이와 같이 회향하느니라."

소위원일체중생　개득제불　적동상조
所謂願一切衆生이 **皆得諸佛**의 **赤銅相爪**하며

"이른바 '원컨대 일체 중생이 모두 모든 부처님의 붉은 구릿빛 같은 손톱을 얻게 하여지이다.' 라고 하느니라."

원일체중생 득윤택조 수호장엄
願一切衆生이 得潤澤爪하야 隨好莊嚴하며

"'원컨대 일체 중생이 윤택한 손톱을 얻어 잘생긴 모습으로 장엄함을 얻게 하여지이다.' 라고 하느니라."

원일체중생 득광정조 감철제일
願一切衆生이 得光淨爪하야 鑑徹第一하며

"'원컨대 일체 중생이 빛나고 깨끗한 손톱을 얻어 거울처럼 투명한 것이 제일이 되어지이다.' 라고 하느니라."

원일체중생 득일체지조 구대인상
願一切衆生이 得一切智爪하야 具大人相하며

"'원컨대 일체 중생이 일체 지혜의 손톱을 얻어 대인의 상호를 갖추어지이다.' 라고 하느니라."

원일체중생 득무비조 어제세간 무소
願一切衆生이 得無比爪하야 於諸世間에 無所

염 착
染着하며

"'원컨대 일체 중생이 비길 데 없는 손톱을 얻어 모든 세간에 물들고 집착함이 없어지이다.' 라고 하느니라."

원일체중생 득묘장엄조 광명보조일체
願一切衆生이 得妙莊嚴爪하야 光明普照一切

세 간
世間하며

"'원컨대 일체 중생이 묘하게 장엄한 손톱을 얻어 광명이 온갖 세간에 비추어지이다.' 라고 하느니라."

원일체중생 득불괴조 청정무결
願一切衆生이 得不壞爪하야 清淨無缺하며

"'원컨대 일체 중생이 깨뜨릴 수 없는 손톱을 얻어 청정하고 결함이 없어지이다.' 라고 하느니라."

원일체중생 득입일체불법방편상조 광
願一切衆生이 得入一切佛法方便相爪하야 廣

대지혜 개실청정
大智慧가 皆悉淸淨하며

"'원컨대 일체 중생이 모든 불법佛法에 들어가는 방편인 손톱을 얻어 광대한 지혜가 모두 청정하여지이다.' 라고 하느니라."

원일체중생 득선생조 보살업과 무부
願一切衆生이 得善生爪하야 菩薩業果가 無不

정묘
淨妙하며

"'원컨대 일체 중생이 선한 업으로 생기는 손톱을 얻어 보살의 업業과 과보果報가 깨끗하고 미묘하여지이다.' 라고 하느니라."

원일체중생 득일체지대도사조 방무량
願一切衆生이 得一切智大導師爪하야 放無量

색 묘 광 명 장
色妙光明藏이니라

"'원컨대 일체 중생이 일체 지혜를 가진 대도사의 손톱을 얻어 한량없는 색의 미묘한 광명장을 놓아지이다.' 라고 하느니라."

시 위 보 살 마 하 살 위 구 법 고 시 연 육 조 갑
是爲菩薩摩訶薩의 爲求法故로 施連肉爪甲
시 선 근 회 향 위 령 중 생 구 족 제 불 일 체 지
時에 善根廻向이니 爲令衆生으로 具足諸佛一切智
조 무 애 력 고
爪無礙力故니라

"이것이 보살마하살이 법을 구하기 위하여 살이 붙은 손톱을 보시할 때에 선근으로 회향하는 것이니라. 중생들로 하여금 부처님의 일체 지혜인 손톱과 걸림 없는 힘을 구족케 하려는 연고이니라."

보살이 살이 붙은 손톱을 보시하여 다시 크게 회향하는

내용을 널리 밝혔다. 보시는 어떤 것을 보시하든 그 자체만으로도 훌륭한 불법이다. 그것에 더하여 그 보시가 더욱 큰 뜻으로 회향되기를 발원하는 것은 보살의 간절한 회향심이다.

41〉 불구덩이에 몸을 던져 보시하다

불자 보살마하살 구불법장 공경존중
佛子야 **菩薩摩訶薩**이 **求佛法藏**에 **恭敬尊重**하야

생난득상 유능설자 내어지언
生難得想하나니 **有能說者**가 **來語之言**호대

"불자들이여, 보살마하살이 부처님의 법장法藏을 구하려고 공경하고 존중하면서 만나기 어렵다는 생각을 할 적에 능히 법을 설할 이가 와서 말하느니라."

60종의 보시 가운데 41번째는 불구덩이에 몸을 던져 보시하여 불법으로 회향하는 내용이다. 예를 들어 위법망구爲法忘軀의 정신이 얼마나 투철한가를 보여 주는 이야기다.

약 능 투 신 칠 인 화 갱　　당 시 여 법　　　보 살
若能投身七仞火坑인댄 當施汝法이라하면 菩薩이

문 이　환 희 용 약　　작 시 사 유　　아 위 법 고　상
聞已에 歡喜踊躍하야 作是思惟호대 我爲法故로 尙

응 구 주 아 비 옥 등 일 체 악 취　　수 무 량 고　　하
應久住阿鼻獄等一切惡趣하야 受無量苦어든 何

황 재 입 인 간 화 갱　　즉 득 문 법
況纔入人間火坑하야 卽得聞法가

"'만일 일곱 길 불구덩이에 몸을 던진다면 마땅히 그대에게 법을 베풀어 주리라.' 하거든, 보살이 듣고는 기뻐서 뛰며 생각하기를 '내가 법을 위하여서는 오히려 아비지옥 같은 일체 나쁜 갈래에 오래 있으면서 한량없는 고통도 받을 것이거늘 하물며 인간의 불구덩이에 잠깐 들어가서 곧 법을 들을 수 있는 일이겠는가.'"

기 재 정 법　심 위 이 득　　불 수 지 옥 무 량 초 독
奇哉正法을 甚爲易得이라 不受地獄無量楚毒

단 입 화 갱　즉 변 득 문　　단 위 아 설　　아 입
하고 但入火坑에 卽便得聞이니 但爲我說하라 我入

화 갱
火坑이라하니라

"'신기하도다. 바른 법은 만나기 매우 어려운 것인데 지옥의 한량없는 고초를 받지 않고 다만 불구덩이에 들어가면 곧 얻어 들을 수 있다니, 다만 나를 위하여 법을 설하라. 내가 곧 불구덩이에 들어가리라.' 라고 하느니라."

예를 들어 어떤 이가 법을 위하여 몸을 돌보지 않는 보살에게 시험 삼아 위와 같은 말을 한다면 어떻게 대답하겠는가를 보여 주었다. "법을 위하여서는 오히려 아비지옥 같은 일체 나쁜 갈래에 오래 있으면서 한량없는 고통을 받을 수도 있는데 하물며 인간의 불구덩이에 잠깐 들어가서 곧 법을 들을 수 있는 일이겠는가."라고 하여 결연한 뜻을 보였다. 참으로 천 번 만 번 감동할 일이다.

여구선법왕보살 금강사유보살 위구법
如求善法王菩薩과 **金剛思惟菩薩**하야 **爲求法**

고 입화갱중
故로 入火坑中하느니라

"구선법왕求善法王보살과 금강사유金剛思惟보살과 같이 법을 구하기 위하여 불구덩이에 들어가느니라."

구선법왕求善法王보살과 금강사유金剛思惟보살이 법을 구하기 위하여 불구덩이에 들어간 사연은 자세히 알 수 없다.

보살 이시 이차선근 여시회향
菩薩이 爾時에 以此善根으로 如是迴向하나니

"보살이 이때에 이런 선근으로 이렇게 회향하느니라."

소위원일체중생 주불소주일체지법 영
所謂願一切衆生이 住佛所住一切智法하야 永

불퇴전무상보리
不退轉無上菩提하며

"이른바 '원컨대 일체 중생이 부처님이 머무시는 온

갖 지혜의 법에 머물러 위없는 보리에서 영원히 퇴전하지 말아지이다.' 라고 하느니라."

원일체중생 이제험난 수불안락
願一切衆生이 離諸險難하고 受佛安樂하며

"'원컨대 일체 중생이 여러 험난한 곳을 떠나서 부처님의 안락을 받아지이다.' 라고 하느니라."

원일체중생 득무외심 이제공포
願一切衆生이 得無畏心하야 離諸恐怖하며

"'원컨대 일체 중생이 두려움 없는 마음을 얻어 모든 공포를 여의어지이다.' 라고 하느니라."

원일체중생 상락구법 구족희락중법장엄
願一切衆生이 常樂求法하야 具足喜樂衆法莊嚴하며

"'원컨대 일체 중생이 항상 법을 구하기를 좋아하여 여러 가지 법으로 기쁘게 장엄함을 구족하여지이다.' 라고 하느니라."

원일체중생 이제악취 멸제일체삼독치화
願一切衆生이 **離諸惡趣**하야 **滅除一切三毒熾火**하며

"'원컨대 일체 중생이 모든 나쁜 갈래를 여의어 온갖 삼독三毒의 불을 소멸하여지이다.' 라고 하느니라."

원일체중생 상득안락 구족여래승묘락사
願一切衆生이 **常得安樂**하야 **具足如來勝妙樂事**하며

"'원컨대 일체 중생이 항상 안락함을 얻어 여래의 가장 좋은 즐거운 일을 구족하여지이다.' 라고 하느니라."

원일체중생　득보살심　영리일체탐에치
願一切衆生이 得菩薩心하야 永離一切貪恚癡

화
火하며

"'원컨대 일체 중생이 보살의 마음을 얻어 모든 탐하고 성내고 어리석은 불을 영원히 여의어지이다.' 라고 하느니라."

원일체중생　실득보살제삼매락　보견제
願一切衆生이 悉得菩薩諸三昧樂하야 普見諸

불　심대환희
佛하고 心大歡喜하며

"'원컨대 일체 중생이 보살들의 여러 가지 삼매의 낙樂을 얻어 여러 부처님을 뵈옵고 마음이 크게 환희하여지이다.' 라고 하느니라."

원일체중생　선설정법　어법구경　상무
願一切衆生이 善說正法하야 於法究竟하야 常無

망실
忘失하며

"'원컨대 일체 중생이 바른 법을 잘 말하며 끝까지 이르는 법을 항상 잊지 말아지이다.' 라고 하느니라."

원일체중생 구족보살신통묘락 구경안
願一切衆生이 具足菩薩神通妙樂하야 究竟安
주일체종지
住一切種智니라

"'원컨대 일체 중생이 보살의 신통과 미묘한 낙을 구족하여 일체 것을 아는 지혜에 끝까지 머물러지이다.' 라고 하느니라."

시위보살마하살 위구정법 투화갱시
是爲菩薩摩訶薩의 爲求正法하야 投火坑時에
선근회향 위령중생 이장애업 개득구
善根廻向이니 爲令衆生으로 離障礙業하고 皆得具

족 지 혜 화 고
足智慧火故니라

"이것이 보살마하살이 바른 법을 구하기 위하여 불구덩이에 몸을 던질 때에 선근으로 회향하는 것이니라. 중생들로 하여금 장애되는 업業을 떠나서 지혜의 불을 모두 구족케 하려는 연고이니라."

법을 구하기 위하여 불구덩이에 몸을 던져 보시하는 회향을 밝혔다. 그리고 중생들로 하여금 장애되는 업業을 떠나서 지혜의 불을 모두 구족케 하려는 까닭임을 설하였다.

42〉 법을 구하기 위하여 고통을 받는 보시

불자 보살마하살 위구정법 분별연설
佛子야 菩薩摩訶薩이 爲求正法하야 分別演說

개보살도 시보리로 취무상지 근수
하며 開菩薩道하야 示菩提路하며 趣無上智하야 勤修

십력 광시일체지심 획무애지법
十力하며 廣示一切智心하야 獲無礙智法하며

"불자들이여, 보살마하살이 바른 법을 구하기 위하여 분별해서 연설하여 보살의 도道를 열고 보리菩提의 길을 보이어 위없는 지혜에 나아가게 하며, 십력十力을 부지런히 닦아서 일체 지혜의 마음을 널리 보이어 걸림 없는 지혜를 얻게 하느니라."

60종의 보시 중 42번째는 법을 구하기 위하여 몸으로 한량없는 고통을 받는 보시로 회향하는 것이다. 세상에서 가장 귀중한 보배는 부처님과 법과 승가, 이 세 가지 보배[三寶]가 있는 불법이며, 불법 가운데 가장 뛰어난 보배는 이와 같은 가르침이 있는 화엄경이다. 이 보배 중의 보배인 화엄경을 위해서 설사 고통을 좀 받더라도 그것은 기꺼이 참아야 할 일이다.

영중생청정 주보살경계 근수대지
令衆生清淨하야 住菩薩境界하며 勤修大智하야

호불보리시 이신구수무량고뇌 여구선법
護佛菩提時에 以身具受無量苦惱호대 如求善法

보살 용맹왕보살 급여무량제대보살
菩薩과 勇猛王菩薩과 及餘無量諸大菩薩하야

"중생들로 하여금 청정하여져서 보살의 경계에 머물게 하며, 큰 지혜를 부지런히 닦아서 부처님의 보리를 보호하려 할 적에 몸으로 한량없는 고통을 받되, 구선법求善法보살과 용맹왕勇猛王보살과 다른 무량한 보살들처럼 하느니라."

구선법求善法보살과 용맹왕勇猛王보살과 다른 무량한 보살들이 법을 위해서 어떤 일을 하였는지는 역시 자세히 알 수 없다.

위구법고 수무량고 내지섭취비방정법
爲求法故로 受無量苦하며 乃至攝取誹謗正法과

악업소부 마업소지 극대악인 피소응수
惡業所覆와 魔業所持인 極大惡人하야 彼所應受

일체고뇌 이구법고 실개위수 이차선
一切苦惱를 以求法故로 悉皆爲受라하야 以此善

근　　여시회향
根으로 如是廻向하나니라

"법을 구하려고 한량없는 고초를 받으며, 내지 바른 법을 비방하며 나쁜 업에 쌓이고 마군의 업業에 붙들린 매우 악한 사람들을 거두어 주어, 그들이 받을 모든 고통을 법을 구하려는 연고로 모두 받느니라. 이런 선근으로 이와 같이 회향하느니라."

보살이 법을 구하려 하는데 만약 어떤 이가 바른 법을 비방하며 나쁜 업에 쌓이고 마군의 업業에 붙들린 매우 험악한 사람이라 하더라도 그들을 다 거두어 주어, 그들이 받을 고통을 법을 구하려는 마음으로 모두 대신 받는다. 고통 중에는 정법을 비방하여 받는 고통이 가장 극심하다. 그런 고통까지도 보살은 대신해서 다 받는다. 그 선근으로 원을 세워 이와 같이 회향한다.

소위원일체중생　영리일체고뇌핍박　　성
所謂願一切衆生이 永離一切苦惱逼迫하고 成

취 안 락 자 재 신 통
就安樂自在神通하며

"이른바 '원컨대 일체 중생이 온갖 괴로움의 핍박을 영원히 여의고 안락하고 자재한 신통을 성취하여지이다.' 라고 하느니라."

원 일 체 중 생　영 리 제 고　득 일 체 락
願一切衆生이 永離諸苦하고 得一切樂하며

"'원컨대 일체 중생이 모든 고통을 영원히 떠나고 일체의 즐거움을 얻어지이다.' 라고 하느니라."

원 일 체 중 생　영 멸 고 온　득 조 현 신　항 수
願一切衆生이 永滅苦蘊하고 得照現身하야 恒受

안 락
安樂하며

"'원컨대 일체 중생이 괴로움의 덩어리를 영원히 멸하고 현재의 몸을 비춰 보고 항상 안락을 받아지이다.' 라고 하느니라."

원일체중생 초출고옥 성취지행
願一切衆生이 超出苦獄하야 成就智行하며

"'원컨대 일체 중생이 고통의 옥에서 벗어나 지혜의 행을 이루어지이다.' 라고 하느니라."

원일체중생 득안은도 이제악취
願一切衆生이 得安隱道하야 離諸惡趣하며

"'원컨대 일체 중생이 편안한 도道를 얻고 모든 나쁜 갈래를 여의어지이다.' 라고 하느니라."

원일체중생 득법희락 영단중고
願一切衆生이 得法喜樂하야 永斷衆苦하며

"'원컨대 일체 중생이 법의 즐거움을 얻고 여러 가지 고통을 영원히 끊어지이다.' 라고 하느니라."

원일체중생 영발중고 호상자애 무
願一切衆生이 永拔衆苦하고 互相慈愛하야 無

손 해 심
損害心하며

"'원컨대 일체 중생이 여러 고통에서 영원히 뛰어나 서로 사랑하고 해치려는 마음이 없어지이다.' 라고 하느니라."

원 일 체 중 생 득 제 불 락 이 생 사 고
願一切衆生이 得諸佛樂하야 離生死苦하며

"'원컨대 일체 중생이 모든 부처님의 즐거움을 얻고 생사의 고통을 떠나지이다.' 라고 하느니라."

원 일 체 중 생 성 취 청 정 무 비 안 락 일 체 고
願一切衆生이 成就淸淨無比安樂하야 一切苦

뇌 무 능 손 해
惱가 無能損害하며

"'원컨대 일체 중생이 청정하여 비길 데 없는 낙樂을 성취하여 모든 고뇌가 해치지 못하여지이다.' 라고 하느니라."

원일체중생 득일체승락 구경구족불무
願一切衆生이 得一切勝樂하야 究竟具足佛無

애락
礙樂이니라

"'원컨대 일체 중생이 일체 매우 수승한 낙을 얻어 부처님의 걸림 없는 낙을 끝까지 구족하여지이다.' 라고 하느니라."

시위보살마하살 위구법고 수중고시 선
是爲菩薩摩訶薩의 爲求法故로 受衆苦時에 善

근회향 위욕구호일체중생 영리험난
根廻向이니 爲欲救護一切衆生하야 令離險難하고

주일체지무소장애해탈처고
住一切智無所障礙解脫處故니라

"이것이 보살마하살이 법을 구하려고 여러 가지 고통을 받을 때에 선근으로 회향하는 것이니라. 일체 중생을 구호하여 험난한 길을 여의고 일체 지혜로 장애가 없이 해탈하는 곳에 머물게 하려는 연고이니라."

법을 구하기 위하여 몸으로 한량없는 고통을 받는 보시로 회향하는 내용을 설하여 마쳤다. 일체 중생을 구호하여 험난한 길을 여의고 일체 지혜로 장애가 없이 해탈하는 곳에 머물게 하려는 까닭임을 밝혔다.

43〉 처자 권속과 왕위를 보시하다

불자 보살마하살 처어왕위 구정법시
佛子야 **菩薩摩訶薩**이 **處於王位**하야 **求正法時**에

내지단위일문일자 일구일의 생난득상
乃至但爲一文一字와 **一句一義**하야도 **生難得想**하야

"불자들이여, 보살마하살이 국왕의 지위에 있으면서 바른 법을 구할 적에 내지 다만 글 한 편이나 한 글자나 한 구절이나 한 뜻만을 위해서라도 만나기 어렵다는 생각을 내느니라."

다음은 정법을 구하기 위하여 처자 권속과 왕위와 일체 가진 것을 다 보시하여 회향하는 것을 밝혔다. 법을 구하기 위해서 몸과 목숨까지 보시한 사례는 불교의 오랜 역사에서

무수히 많다. 신라의 이차돈異次頓 성사聖師가 그런 분이고, 중국의 승조법사僧肇法師가 그런 분이다. 실로 이 불법은, 그리고 화엄경은 다만 글 한 편이나 한 글자나 한 구절이나 한 뜻만이라도 만나기 어렵다는 생각을 내어 소중하게 여겨야 한다. 불법을 만난 사람, 더욱이 화엄경을 만난 사람은 하루라도 빨리 세상에서 둘도 없이 소중한 보물을 가졌다는 생각을 해야 한다. 아니, 그와 같은 사실에 마음이 열려야 하고 눈을 떠야 한다. 그렇게 된다면 저 석가세존처럼 기꺼이 왕위를 버릴 수 있을 것이다. 왕위를 버리는데 그 소유물들이야 말해 무엇하랴.

능실경사해내소유 약근약원 국토성읍
能悉罄捨海內所有인 **若近若遠**에 **國土城邑**과

인민고장 원지옥택 수림화과 내지일체
人民庫藏과 **園池屋宅**과 **樹林華果**하며 **乃至一切**

진기묘물 궁전누각 처자권속 급이왕위
珍奇妙物과 **宮殿樓閣**과 **妻子眷屬**과 **及以王位**를

실능사지　어불견중　구견고법　위욕이익
悉能捨之하고 於不堅中에 求堅固法하야 爲欲利益

일체중생　근구제불무애해탈　구경청정
一切衆生하야 勤求諸佛無礙解脫의 究竟淸淨한

일체지도
一切智道하니라

"그리고 사해四海 안에 있는 것을 모두 버리되, 가깝거나 멀거나 국토와 도시와 백성들과 창고와 동산과 못과 가옥과 숲과 꽃과 과일과, 내지 모든 진기하고 기묘한 물건이나 궁전이나 누각이나 처자 권속이나 국왕의 지위까지도 다 버리어 견고하지 못한 데서 견고한 법을 구하며, 일체 중생을 이익하게 하기 위하여 부처님의 걸림 없는 해탈과 끝까지 청정한 일체 지혜의 도道를 부지런히 구하느니라."

다만 글 한 편이나 한 글자나 한 구절이나 한 뜻만을 위해서라도 만나기 어렵다는 생각을 내면 무엇인들 희생하지 못하겠는가. 모든 것을 다 버리어 견고하지 못한 데서 견고한 법을 구한다. 왕위와 왕의 소유물은 모두 때가 되면 떠나고 흩어진다. 목을 매고 차지한 주지 자리도 머지않아 내어 놓거나 빼앗기게 되지만 한마디 한 구절에서 깨달은 진리는 영원하고 견고하여 아무도 가져가지 못한다. 그러므로 불법은 세상에서 가장 가치 있고 값진 보물이라는 것을 알아야 한다. 화엄경의 가르침은 무엇과도 바꿀 수 없는 제일가는 재산임을 깨달아야 한다.

여대세덕보살 승덕왕보살 급여무량제대보살
如大勢德菩薩과 **勝德王菩薩**과 **及餘無量諸大菩薩**하니라

"마치 대세덕大勢德보살과 승덕왕勝德王보살과 다른 무량한 보살들과 같이 하느니라."

대세덕大勢德보살과 승덕왕勝德王보살과 다른 무량한 보살들이 불법을 구하기 위해서 어떤 희생을 치렀는지는 자세하지 않다.

근구정법　내지극소위어일자　오체투
勤求正法호대 乃至極少爲於一字하야도 五體投

지　정념삼세일체불법　애락수습　영불
地하야 正念三世一切佛法하며 愛樂修習하야 永不

탐착명문이양
貪着名聞利養하며

"바른 법을 부지런히 구하며, 내지 지극히 적은 한 글자를 위하여서도 오체五體를 땅에 엎드리고 삼세의 모든 부처님 법을 바르게 생각하여 사랑하고 즐기고 닦아 익히며, 영원히 명예와 이양利養은 탐하지 아니하느니라."

다시 한 번 반복하여 읽는 것이 가장 바람직하다. "바른 법을 부지런히 구하며, 내지 지극히 적은 한 글자를 위하여서도 오체五體를 땅에 엎드리고 삼세의 모든 부처님 법을 바르게 생각하여 사랑하고 즐기고 닦아 익히며, 영원히 명예와 이양利養은 탐하지 아니하느니라." 달리 무슨 설명이 더 필요하겠는가.

사제세간자재왕위 구불자재법왕지위
捨諸世間自在王位하고 求佛自在法王之位하며

어세간락 심무소착 이출세법 장양기심
於世間樂에 心無所着하고 以出世法으로 長養其心

영리세간일체희론 주어제불무희론법
하며 永離世間一切戱論하고 住於諸佛無戱論法이니라

"세간에서 자재하는 왕의 지위를 버리고 부처님의 자재하신 법왕의 지위를 구하며, 세상의 즐거움에는 집착하는 마음이 없고 출세간법出世間法으로 그 마음을 기르며, 영원히 세간의 모든 희롱거리 말들을 떠나서 모든 부처님의 희론戱論이 없는 법에 머무느니라."

역시 다시 한 번 반복하여 읽을 뿐이다. "세간에서 자재하는 왕의 지위를 버리고 부처님의 자재하신 법왕의 지위를 구하며, 세상의 즐거움에는 집착하는 마음이 없고 출세간법으로 그 마음을 기르며, 영원히 세간의 모든 희롱거리 말들을 떠나서 모든 부처님의 희론이 없는 법에 머무느니라."

보살 이시 이제선근 여시회향
菩薩이 爾時에 以諸善根으로 如是迴向하나니

"보살이 이때에 모든 선근으로 이와 같이 회향하느니라."

소위원일체중생 상락혜시 일체실사
所謂願一切衆生이 常樂惠施하야 一切悉捨하며

"이른바 '원컨대 일체 중생이 보시하기를 항상 좋아하고 온갖 것을 다 버리어지이다.' 라고 하느니라."

원일체중생 능사소유 심무중회
願一切衆生이 能捨所有호대 心無中悔하며

"'원컨대 일체 중생이 가진 것을 버리면서도 후회하는 마음이 없어지이다.' 라고 하느니라."

원일체중생 상구정법 불석신명자생지
願一切衆生이 常求正法하야 不惜身命資生之

구
具하며

"'원컨대 일체 중생이 바른 법을 항상 구하고, 몸이나 생명이나 살림살이하는 도구를 아끼지 말아지이다.' 라고 하느니라."

원일체중생 실득법리 능단일체중생의
願一切衆生이 悉得法利하야 能斷一切衆生疑

혹
惑하며

"'원컨대 일체 중생이 모두 법에 대한 이익을 얻어 일체 중생의 의혹을 끊어지이다.' 라고 하느니라."

원일체중생 득선법욕 심상희락제불정
願一切衆生이 得善法欲하야 心常喜樂諸佛正

법
法하며

"'원컨대 일체 중생이 선한 법에 대한 욕망을 얻어

마음으로 모든 부처님의 바른 법을 항상 즐겨하여지이다.' 라고 하느니라."

원일체중생 위구불법 능사신명 급이
願一切衆生이 **爲求佛法**하야 **能捨身命**과 **及以**

왕위 대심수습무상보리
王位하고 **大心修習無上菩提**하며

"'원컨대 일체 중생이 부처님 법을 구하기 위하여 몸과 목숨과 왕위까지 버리고 큰마음으로 위없는 보리를 닦아지이다.' 라고 하느니라."

원일체중생 존중정법 상심애락 불석
願一切衆生이 **尊重正法**하야 **常深愛樂**하야 **不惜**

신명
身命하며

"'원컨대 일체 중생이 바른 법을 존중하여 항상 깊이 좋아하고 몸과 목숨을 아끼지 말아지이다.' 라고 하느니라."

원일체중생 호지제불심난득법 상근수
願一切衆生이 護持諸佛甚難得法하야 常勤修

습
習하며

"'원컨대 일체 중생이 얻기 어려운 모든 부처님 법을 보호하며 항상 부지런히 닦아지이다.'라고 하느니라."

원일체중생 개득제불보리광명 성보리
願一切衆生이 皆得諸佛菩提光明하야 成菩提

행 불유타오
行호대 不由他悟하며

"'원컨대 일체 중생이 모든 부처님의 보리광명을 얻어 보리행菩提行을 이루되 다른 이의 깨우침을 말미암지 않아지이다.'라고 하느니라."

원일체중생 상능관찰일체불법 발제의
願一切衆生이 常能觀察一切佛法하야 拔除疑

전　　심득안은
箭하야 心得安隱이니라

"'원컨대 일체 중생이 모든 불법佛法을 항상 관찰하여 의심의 화살을 뽑아 버리고 마음이 편안하여지이다.' 라고 하느니라."

시위보살마하살　위구정법　　사국성시
是爲菩薩摩訶薩의 爲求正法하야 捨國城時에
선근회향　　위령중생　　지견원만　　상득주
善根廻向이니 爲令衆生으로 知見圓滿하야 常得住
어안은도고
於安隱道故니라

"이것이 보살마하살이 바른 법을 구하기 위하여 국토와 성곽을 버릴 적에 선근으로 회향하는 것이니라. 중생들로 하여금 알고 보는 것이 원만하여 편안한 도道에 항상 머물게 하려는 연고이니라."

보살이 처자 권속과 왕위를 보시하여 회향하는 설법을

마쳤다. 오로지 중생으로 하여금 지견知見이 원만하여 편안한 도에 항상 머물게 하기 위함이라고 하였다.

44〉 왕이 되어 살생을 금하는 보시를 하다

불자 보살마하살 작대국왕 어법자재
佛子야 菩薩摩訶薩이 作大國王하야 於法自在

보행교명 영제살업 염부제내성읍취
하야 普行敎命하야 令除殺業호대 閻浮提內城邑聚

락 일체도살 개령금단 무족이족 사족
落에 一切屠殺을 皆令禁斷하고 無足二足과 四足

다족 종종생류 보시무외 무기탈심
多足의 種種生類에 普施無畏하야 無欺奪心하고

"불자들이여, 보살마하살이 큰 나라의 왕이 되어 법에 자재하며 명령을 널리 내리어 살생하는 일을 못하게 하는데, 남섬부주에 있는 성읍이나 마을에서 일체 도살屠殺을 모두 금하고 발 없는 것이나 두 발 가진 것이나 네 발 가진 것이나 여러 발을 가진 갖가지 짐승들에게 널리 두려움을 없게 하고 속여서 목숨을 빼앗는 마음이 없느니라."

60종의 보시 가운데 44번째는 보살이 왕이 되어 살생을 금하는 보시를 하여 회향하는 내용이다. 모든 국민에게 살생을 하지 못하게 명령을 내리는 것도 큰 보시다. 필자는 왕이 된다면 불살생不殺生과 아울러 거짓과 사기, 협잡을 저지르지 못하게 하는 명령을 내리고 싶다. 또 인과법을 잘 알아서 실천하도록 가르치고 싶다. 사치를 일절 못하도록 법으로 제정하고 싶다. 이와 같은 등등 하고 싶은 일이 정말 많다.

광수일체보살제행　인자리물　불행침
廣修一切菩薩諸行하며 **仁慈莅物**하야 **不行侵**
뇌　발묘보심　안은중생　어제불소　입
惱하고 **發妙寶心**하야 **安隱衆生**하며 **於諸佛所**에 **立**
심지락　상자안주삼종정계　역령중생
深志樂하야 **常自安住三種淨戒**하고 **亦令衆生**으로
여시안주
如是安住니라

"일체 보살들의 모든 행을 널리 닦아 인자하게 중생을 대하고 침노하지 아니하며, 미묘하고 보배로운 마음

을 내어 중생들을 편안하게 하며, 모든 부처님이 계신 데서 깊은 뜻을 세우고 항상 스스로 세 가지 청정한 계율에 머물며, 또한 중생들로 하여금 이와 같이 편안히 머물게 하느니라."

세 가지 청정한 계율이란 삼취정계三聚淨戒를 말하는데 섭률의계攝律儀戒와 섭선법계攝善法戒와 섭중생계攝衆生戒로 나뉜다. 섭률의계는 5계와 10계와 250계 등 일정하게 제정된 여러 규율위의規律威儀 등을 통한 윤리기준이고, 섭선법계는 선한 것이라면 무엇이든지 총섭總攝하는 선량한 마음을 기준으로 하는 윤리원칙이며, 섭중생계는 일체의 중생을 제도한다는 대원칙에 따르는 윤리기준이다. 보살이 왕이 된다면 이와 같은 윤리를 실천하도록 하겠다는 뜻이다.

보살마하살 영제중생 주어오계 영단
菩薩摩訶薩이 **令諸衆生**으로 **住於五戒**하야 **永斷**

살업 이차선근 여시회향
殺業하고 **以此善根**으로 **如是迴向**하나니

"보살마하살이 모든 중생들로 하여금 오계五戒에 머물게 하며 살생하는 업業을 영원히 끊게 하느니라. 이러한 선근으로 이와 같이 회향하느니라."

오계五戒는 수많은 계율 중에서 가장 기본이 되는 계율이다. 출가와 재가를 막론하고 모두가 지켜야 할 덕목이다. 불살생不殺生, 살아 있는 생명을 죽이지 말 것, 불투도不偸盜, 남의 물건을 훔치지 말 것, 불사음不邪淫, 정당하지 않은 음행을 하지 말 것, 불망어不妄語, 거짓말을 하지 말 것, 불음주不飮酒, 술을 마시지 말 것 등이다. 재가자는 먼저 불佛·법法·승僧의 삼보三寶에 귀의한 뒤 오계를 받음으로써 정식 신도가 된다. 보살이 왕이 되어 이와 같은 계율을 모든 국민에게 지키게 하고자 한 것이다.

소위원일체중생 발보살심 구족지혜
所謂願一切衆生이 **發菩薩心**하야 **具足智慧**하고

영보수명 무유종진
永保壽命하야 **無有終盡**하며

"이른바 '원컨대 일체 중생이 보살심菩薩心을 내고 지혜를 구족하여 목숨을 길이 보전하여 끝날 때가 없어지이다.' 라고 하느니라."

원일체중생 주무량겁 공일체불 공경
願一切衆生이 住無量劫하야 供一切佛호대 恭敬

근수 갱증수명
勤修하고 更增壽命하며

"'원컨대 일체 중생이 한량없는 겁劫에 있으면서 모든 부처님께 공양하되 공경하며 부지런히 수행하여 수명을 증장하여지이다.' 라고 하느니라."

원일체중생 구족수행이노사법 일체재
願一切衆生이 具足修行離老死法하야 一切災

독 불해기명
毒이 不害其命하며

"'원컨대 일체 중생이 늙고 죽음을 떠나는 법을 구족하게 수행해서 일체 재앙이 목숨을 해치지 못하게 하여지이다.' 라고 하느니라."

원일체중생 구족성취무병뇌신 수명자
願一切衆生이 **具足成就無病惱身**하야 **壽命自**

재 능수의주
在하야 **能隨意住**하며

"'원컨대 일체 중생이 병이 없는 몸을 구족하게 성취하고 수명이 자재하여 마음대로 살아지이다.' 라고 하느니라."

원일체중생 득무진명 궁미래겁 주
願一切衆生이 **得無盡命**하야 **窮未來劫**토록 **住**

보살행 교화조복일체중생
菩薩行하야 **教化調伏一切衆生**하며

"'원컨대 일체 중생이 다함없는 생명을 얻어 오는 세월이 끝나도록 보살행에 머물면서 일체 중생을 교화하고 조복하여지이다.' 라고 하느니라."

원일체중생　위수명문　십력선근　어중
願一切衆生이 爲壽命門하야 十力善根이 於中

증장
增長하며

"'원컨대 일체 중생이 오래 사는 문이 되어 십력十力의 선근이 그 속에서 증장하여지이다.' 라고 하느니라."

원일체중생　선근구족　득무진명　성
願一切衆生이 善根具足하야 得無盡命하야 成

만대원
滿大願하며

"'원컨대 일체 중생이 선근이 구족하고 다하지 않는 목숨을 얻어 큰 소원을 만족하여지이다.' 라고 하느니라."

원일체중생　실견제불　공양승사　주무
願一切衆生이 悉見諸佛하야 供養承事하고 住無

진수　수습선근
盡壽하야 修習善根하며

"'원컨대 일체 중생이 모든 부처님을 뵈옵고 공양하고 섬기며 끝없이 오래 살면서 선근을 수습하여지이다.' 라고 하느니라."

원일체중생　어여래처　선학소학　득성
願一切衆生이 **於如來處**에 **善學所學**하야 **得聖**
법희　무진수명
法喜하야 **無盡壽命**하며

"'원컨대 일체 중생이 여래가 계신 데서 배울 것을 잘 배우면서 거룩한 법의 기쁨과 다함없는 수명을 얻어지이다.' 라고 하느니라."

원일체중생　득불로불병상주명근　용맹
願一切衆生이 **得不老不病常住命根**하야 **勇猛**
정진　입불지혜
精進하야 **入佛智慧**니라

"'원컨대 일체 중생이 늙지도 않고 병 나지도 않으면서 항상 머무는 생명을 얻고 용맹하게 정진하여 부처님의 지혜에 들어가지이다.' 라고 하느니라."

시위보살마하살 주삼취정계 영단살업
是爲菩薩摩訶薩의 **住三聚淨戒**하야 **永斷殺業**

선근회향 위령중생 득불십력원만지고
善根廻向이니 **爲令衆生**으로 **得佛十力圓滿智故**니라

"이것이 보살마하살이 세 가지 깨끗한 계율[三聚淨戒]에 머물러서 살생하는 업業을 영원히 끊어 버리고 선근으로 회향하는 것이니라. 중생들로 하여금 부처님의 십력十力과 원만한 지혜를 얻게 하려는 연고이니라."

보살이 왕이 되어 살생을 금하는 보시로 회향하는 설법을 마쳤다. 보살이 한 나라의 왕이 되는 것은 권력을 행사하려는 것이 아니며 부를 축적하려는 것도 아니다. 오로지 중생들로 하여금 부처님의 십력十力과 원만한 지혜를 얻게 하려는 까닭이라고 하였다.

45〉 자비로써 구제하는 보시

불자 보살마하살 견유중생 심회잔인
佛子야 **菩薩摩訶薩**이 **見有衆生**이 **心懷殘忍**하야

손제인축 소유남형 영신결감 수제초
損諸人畜의 **所有男形**하야 **令身缺減**하야 **受諸楚**

독 견시사이 기대자비 이애구지 영
毒하고 **見是事已**에 **起大慈悲**하야 **而哀救之**하야 **令**

염부제일체인민 개사차업
閻浮提一切人民으로 **皆捨此業**이니라

"불자들이여, 보살마하살이 어떤 중생이 잔인한 마음으로 사람이나 축생들의 사내의 형체를 잘라서 불구의 몸을 만들어 갖은 고초를 받게 하려는 것을 보고는, 크게 자비한 마음을 내어 불쌍히 여겨 구원하되, 남섬부주의 일체 사람들로 하여금 이런 업業을 버리게 하느니라."

60종의 보시 중 45번째는 자비로써 구제하는 보시로 회향하는 내용이다. 어찌 이와 같은 일이 있겠는가마는 만약 이런 일이 있다면 보살은 마땅히 자비한 마음을 일으켜서 불쌍히 여겨 일체 사람들이 이러한 업을 버리도록 해야 할 것이다.

보살 이시 어기인언 여하소위 작시
菩薩이 爾時에 語其人言호대 汝何所爲로 作是
악업 아유고장백천만억 일체낙구 실개
惡業고 我有庫藏百千萬億하야 一切樂具가 悉皆
충만 수여소수 진당상급 여지소작
充滿하니 隨汝所須하야 盡當相給호리니 汝之所作은
중죄유생
衆罪由生이라

"보살이 그때에 그 사람에게 말하기를 '그대는 어찌하여 이런 악업을 짓는가? 나의 고방[庫藏]에는 백천만 억 가지 일체 즐거운 도구가 가득하여 그대가 달라는 대로 줄 것이다. 그대가 하는 일은 모두 죄를 짓는 것이니라.'

아금권여 막작시사 여소작업 불여
我今勸汝하노니 莫作是事하라 汝所作業은 不如
도리 설유소획 어하가용 손타익기 종
道理니 設有所獲인들 於何可用가 損他益己가 終
무시처 여차악행 제불선법 일체여래 소
無是處니 如此惡行의 諸不善法은 一切如來의 所

불칭탄　　작시어이　　즉이소유일체낙구
不稱歎이니라 作是語已하고 卽以所有一切樂具로

진개시여
盡皆施與하며

'내가 이제 그대에게 권하노니 그런 짓을 하지 말라. 그대가 짓는 업은 도리에 맞지 않으며, 설사 소득이 있다 한들 무엇에 쓰겠는가. 다른 이를 해쳐서 나를 이익하게 하는 것은 옳지 못한 짓이며, 이러한 나쁜 행동과 모든 선하지 않은 법은 일체 여래의 칭찬하지 않는 것이니라.' 이렇게 말하고는 곧 갖고 있던 여러 가지 즐거운 도구를 모두 베풀어 주느니라."

그와 같은 나쁜 사람에게 보살이 경책하고, 백천만 억 가지 일체 즐거운 도구로써 그를 달래어 마음을 바꾸도록 하는 회향이다.

부이선어　위설묘법　영기환열　소위
復以善語로 爲說妙法하야 令其歡悅호대 所謂

시적정법 영기신수 멸제불선 수행정
示寂靜法하야 令其信受하며 滅除不善하고 修行淨

업 호기자심 불상손해 피인 문이 영
業하며 互起慈心하야 不相損害니 彼人이 聞已에 永

사죄악
捨罪惡이니라

"다시 또 좋은 말로 미묘한 법을 설하여 그를 환희케 하느니라. 이른바 고요한 법을 보여 믿게 하며, 착하지 못한 것을 없애고 청정한 업業을 닦게 하며, 서로 인자한 마음을 내어 해치지 않게 하나니, 그 사람이 듣고는 영원히 죄악을 버리느니라."

나쁜 업을 버리게 할 뿐만 아니라 다시 미묘한 법을 설하여 적정법寂靜法을 믿고 받아들이도록 가르친다. 그래서 착하지 못한 것을 없애고 청정한 업業을 닦게 하며, 서로 인자한 마음을 내어 해치지 않게 한다. 이것이 자비로써 구제하는 보시이다.

보살 이시 이차선근 여시회향
菩薩이 爾時에 以此善根으로 如是廻向하나니

"보살이 그때에 이러한 선근으로 이와 같이 회향하느니라."

소위원일체중생 구장부형 성취여래마
所謂願一切衆生이 具丈夫形하야 成就如來馬

음장상
陰藏相하며

"이른바 '원컨대 일체 중생이 장부의 형체를 갖추되 여래의 남근男根이 말처럼 몸 안에 감춰진 몸매를 이루어지이다.' 라고 하느니라."

원일체중생 구남자형 발용맹심 수제
願一切衆生이 具男子形하야 發勇猛心하야 修諸

범행
梵行하며

"'원컨대 일체 중생이 남자의 형체를 갖추고 용맹한 마음을 내어 모든 범행梵行을 닦아지이다.' 라고 하느니라."

원일체중생 구용맹력 항위주도 주
願一切衆生이 **具勇猛力**하야 **恒爲主導**하야 **住**

무애지 영불퇴전
無礙智하야 **永不退轉**하며

"'원컨대 일체 중생이 용맹한 힘을 갖추고 항상 주도자가 되어 걸림 없는 지혜에 있으면서 퇴전치 말아지이다.' 라고 하느니라."

원일체중생 개득구족대장부신 영리욕
願一切衆生이 **皆得具足大丈夫身**하야 **永離欲**

심 무유염착
心하야 **無有染着**하며

"'원컨대 일체 중생이 모두 대장부의 몸을 갖추면서도 영원히 탐욕을 여의어 물들지 말아지이다.' 라고 하느니라."

원일체중생 실득성취선남자법 지혜증
願一切衆生이 悉得成就善男子法하야 智慧增

장 제불소탄
長하야 諸佛所歎이며

"'원컨대 일체 중생이 모두 선남자善男子의 법을 이루고 지혜가 증장하여 모든 부처님의 찬탄함이 되어지이다.' 라고 하느니라."

원일체중생 보득구어대인지력 상능수
願一切衆生이 普得具於大人之力하야 常能修

습십력선근
習十力善根하며

"'원컨대 일체 중생이 어른다운 힘을 갖추고 십력十力의 선근을 항상 닦아지이다.' 라고 하느니라."

원일체중생 영불실괴남자지형 상수복
願一切衆生이 永不失壞男子之形하야 常修福

지 미 증 유 법
智未曾有法하며

"'원컨대 일체 중생이 영원히 남자의 형상을 잃지 말고 복덕과 지혜의 미증유한 법을 항상 닦아지이다.' 라고 하느니라."

원 일 체 중 생 어 오 욕 중 무 착 무 박 심 득
願一切衆生이 於五欲中에 無着無縛하야 心得

해 탈 염 리 삼 유 주 보 살 행
解脫하야 厭離三有하고 住菩薩行하며

"'원컨대 일체 중생이 다섯 가지 욕락에 집착하지도 않고 속박되지도 않아서 마음이 해탈하고 삼유三有를 싫어하여 보살의 행에 머물러지이다.' 라고 하느니라."

원 일 체 중 생 성 취 제 일 지 혜 장 부 일 체 종
願一切衆生이 成就第一智慧丈夫하야 一切宗

신 복 종 기 화
信하야 伏從其化하며

"'원컨대 일체 중생이 제일의 지혜 있는 장부가 되어 모든 사람이 우러러 믿으며 그의 교화敎化에 복종하여지이다.' 라고 하느니라."

원일체중생 구족보살장부지혜 불구당
願一切衆生이 **具足菩薩丈夫智慧**하야 **不久當**
성무상대웅
成無上大雄이니라

"'원컨대 일체 중생이 보살의 사내다운 지혜를 구족하여 오래지 않아 위없는 큰 영웅이 되어지이다.' 라고 하느니라."

시위보살마하살 금절일체훼패남형 선
是爲菩薩摩訶薩의 **禁絶一切毁敗男形**하야 **善**
근회향
根廻向이니

"이것이 보살마하살이 남근男根을 끊는 것을 모두 금하면서 선근으로 회향하는 것이니라."

2008년경 경남 고성 어느 사찰에서 열반하신 모 스님께서 젊은 시절에 어떤 진언을 외면서 수행을 하였는데 소위 공부 중에 마魔가 들어 마의 장난으로 남근男根을 끊은 사실이 있다. 어떤 이유에서건 남근男根을 끊는 것은 일절 금하도록 해야 한다. 그 또한 선근을 닦는 일이다.

위령중생　구장부형　개능수호제선장
爲令衆生으로 **具丈夫形**하야 **皆能守護諸善丈**

부　생현성가　지혜구족　상근수습장부
夫하며 **生賢聖家**하야 **智慧具足**하야 **常勤修習丈夫**

승행　유장부용　교능현시칠장부도
勝行하며 **有丈夫用**하야 **巧能顯示七丈夫道**하며

"중생들로 하여금 장부의 형상을 갖추게 하여 모든 선한 장부를 수호하며, 성현聖賢의 가문에 태어나 지혜가 구족하고, 장부丈夫의 수승한 행을 항상 부지런히 닦아서 장부의 작용이 있으며, 일곱 가지 장부의 도道를 교묘하게 나타내 보이느니라."

보살마하살이 어떤 중생이 잔인한 마음으로 사람이나 축생의 사내의 형체[男根]를 잘라서 불구의 몸을 만들어 갖은 고초를 받게 하려는 것을 보고는 크게 자비한 마음을 내어 불쌍히 여겨 구원하는 보시행에 대한 까닭을 밝혔다. 중생들로 하여금 장부의 형상을 갖추게 하여 모든 선한 장부를 수호하며 성현聖賢의 가문에 태어나게 하는 것 등을 위해서이다.

장부의 수승한 행에 대하여 청량스님은 "장부의 행이란 열반경 18에 이르되, '일체 남녀가 만약 네 가지 법을 갖추면 곧 장부丈夫라 한다. 1은 선지식을 친근하고, 2는 정법을 듣고, 3은 그 뜻을 사유하고, 4는 설한 대로 수행하는 것이니라.'"[2)]라고 하였다.

또 일곱 가지 장부의 도[七丈夫道]에 대해서는 청량스님은 "일곱 가지 장부에 대해서는 여러 설이 있는데 그중에 세간을 의지하면 유가瑜伽 장부에 일곱 가지 뜻이 있는데, 1은 장수하여 오래 사는 것이고, 2는 아름다운 몸매가 단정하며

2) 丈夫行者, 涅槃十八云 '一切男女若具四法, 即名丈夫 : 一, 近善知識. 二, 聽聞正法. 三, 思惟其義. 四, 如說修行.'

엄숙하고, 3은 병도 없고 고통도 없으며, 4는 종이나 여자가 아니며 비남비녀非男非女도 아니며, 5는 지혜가 날카롭고, 6은 말이 위엄이 있으며, 7은 큰 종가의 으뜸이 되고 우두머리가 되어야 한다. 이 일곱 가지 법을 갖추면 장부의 도와 그 원인이 된다."[3]라고 하였다.

구족제불선장부종　　장부정교　장부용맹
具足諸佛善丈夫種하며 **丈夫正敎**와 **丈夫勇猛**과

장부정진　장부지혜　장부청정　보령중생
丈夫精進과 **丈夫智慧**와 **丈夫淸淨**을 **普令衆生**으로

구경개득
究竟皆得이니라

"모든 부처님의 선한 장부의 종성種性을 구족하며, 장부의 바른 가르침과 장부의 용맹과 장부의 정진과 장부의 지혜와 장부의 청정을 모든 중생들로 하여금 끝까지

---

3) 然七丈夫總有多說：約世間：瑜伽丈夫有其七義：一, 長壽久住. 二, 妙色端嚴. 三, 無病少惱. 四, 非僕非女. 非半擇迦. 五, 智慧猛利. 六, 發言威肅. 七, 有大宗葉. 具此七法名為丈夫道 即是彼之因也.

얻게 하려는 것이니라."

나쁜 업을 행하던 사람으로 하여금 모든 나쁜 업을 버리고 다시 적정법을 좋아하게 한다. 나아가서 진정한 장부의 훌륭한 행을 닦아 부처님의 선한 장부의 종성種性을 구족하며, 장부의 바른 가르침과 장부의 용맹과 장부의 정진과 장부의 지혜와 장부의 청정을 얻게 하는 것으로 회향하여 마쳤다.

십회향품의 제6 수순견고일체선근회향에서 60종의 보시로 회향하는 내용 중 45번째 자비로써 구제하는 보시로 회향하는 법까지 설하여 마쳤다. 이와 같이 살펴볼 때에 부처님의 가르침이란 오직 보시하는 것이며, 선근을 닦는 것이며, 나누고 베푸는 것이며, 다시 더 향상된 법으로 나아가 회향하는 것이라고 말할 수 있다.

밥을 한 그릇 베풀거나 의료나 교육이나 각종 필요한 것을 나누고 베풀고 보시하는 것만으로도 훌륭한 부처님의 법이다. 즉 그것이 불교며 불법이다. 그러나 그것에 더하여 존재의 실상을 깨닫도록 가르쳐서 존재의 이치에 맞는 삶을 살게 한다면, 그리고 사람과 일체 생명이 본래로 부처님이라는 사실을 깨닫게 하여 모든 인류가 서로 다 같이 부처님으로 받들어 섬기면서 살도록 가르친다면 그것은 더욱 더 바람직한 불법이리라.

십회향품 5 끝

〈제27권 끝〉

華嚴經 構成表

<table>
<tr><th>分次</th><th colspan="2">周次</th><th>內容</th><th>品數</th><th>會次</th></tr>
<tr><td>擧果勸樂生信分
(信)</td><td colspan="2">所信因果周</td><td>如來依正</td><td>世主妙嚴品 第一
如來現相品 第二
普賢三昧品 第三
世界成就品 第四
華藏世界品 第五
毘盧遮那品 第六</td><td>初會</td></tr>
<tr><td rowspan="9">修因契果生解分
(解)</td><td rowspan="7">差別因果周</td><td rowspan="6">差別因</td><td>十信</td><td>如來名號品 第七
四聖諦品 第八
光明覺品 第九
菩薩問明品 第十
淨行品 第十一
賢首品 第十二</td><td>二會</td></tr>
<tr><td>十住</td><td>昇須彌山頂品 第十三
須彌頂上偈讚品 第十四
十住品 第十五
梵行品 第十六
初發心功德品 第十七
明法品 第十八</td><td>三會</td></tr>
<tr><td>十行</td><td>昇夜摩天宮品 第十九
夜摩天宮偈讚品 第二十
十行品 第二十一
十無盡藏品 第二十二</td><td>四會</td></tr>
<tr><td>十廻向</td><td>昇兜率天宮品 第二十三
兜率宮中偈讚品 第二十四
十廻向品 第二十五</td><td>五會</td></tr>
<tr><td>十地</td><td>十地品 第二十六</td><td>六會</td></tr>
<tr><td>等覺</td><td>十定品 第二十七
十通品 第二十八
十忍品 第二十九
阿僧祇品 第三十
如來壽量品 第三十一
菩薩住處品 第三十二</td><td rowspan="4">七會</td></tr>
<tr><td>差別果</td><td rowspan="3">妙覺</td><td>佛不思議法品 第三十三
如來十身相海品 第三十四
如來隨好光明功德品 第三十五</td></tr>
<tr><td rowspan="2">平等因果周</td><td>平等因</td><td>普賢行品 第三十六</td></tr>
<tr><td>平等果</td><td>如來出現品 第三十七</td></tr>
<tr><td>托法進修成行分
(行)</td><td colspan="2">成行因果周</td><td>二千行門</td><td>離世間品 第三十八</td><td>八會</td></tr>
<tr><td>依人證入成德分
(證)</td><td colspan="2">證入因果周</td><td>證果法門</td><td>入法界品 第三十九</td><td>九會</td></tr>
</table>

(資料：文殊經典硏究會)

會場	放光別	會主	入定別	說法別擧
菩提場	遮那放齒光眉間光	普賢菩薩爲會主	入毘盧藏身三昧	如來依正法
普光明殿	世尊放兩足輪光	文殊菩薩爲會主	此會不入定 · 信未入位故	十信法
忉利天宮	世尊放兩足指光	法慧菩薩爲會主	入無量方便三昧	十住法門
夜摩天宮	如來放兩足趺光	功德林菩薩爲會主	入菩薩善思惟三昧	十行法門
兜率天宮	如來放兩膝輪光	金剛幢菩薩爲會主	入菩薩智光三昧	十廻向法門
他化天宮	如來放眉間毫相光	金剛藏菩薩爲會主	入菩薩大智慧光明三昧	十地法門
再會普光明殿	如來放眉間口光	如來爲會主	入剎那際三昧	等妙覺法門
三會普光明殿	此會佛不放光 · 表行依解法依解光故	普賢菩薩爲會主	入佛華莊嚴三昧	二千行門
祇陀園林	放眉間白毫光	如來善友爲會主	入獅子頻申三昧	果法門

如天 無比

1943년 영덕에서 출생하였다. 1958년 출가하여 덕흥사, 불국사, 범어사를 거쳐 1964년 해인사 강원을 졸업하고 동국역경연수원에서 수학하였다. 10여 년 선원생활을 하고 1976년 탄허스님에게 화엄경을 수학하고 전법, 이후 통도사 강주, 범어사 강주, 은해사 승가대학원장, 대한불교조계종 교육원장, 동국역경원장, 동화사 한문불전승가대학원장 등을 역임하였다.
현재 부산 문수선원 문수경전연구회에서 150여 명의 스님과 250여 명의 재가 신도들에게 화엄경을 강의하고 있다. 또한 다음 카페 '염화실'(http://cafe.daum.net/yumhwasil)을 통해 '모든 사람을 부처님으로 받들어 섬김으로써 이 땅에 평화와 행복을 가져오게 한다.'는 인불사상(人佛思想)을 펼치고 있다.

저서로 『법화경 법문』, 『신금강경 강의』, 『직지 강설』(전 2권), 『법화경 강의』(전 2권), 『신심명 강의』, 『임제록 강설』, 『대승찬 강설』, 『유마경 강설』, 『당신은 부처님』, 『사람이 부처님이다』, 『이것이 간화선이다』, 『무비 스님과 함께하는 불교공부』, 『무비 스님의 증도가 강의』, 『일곱 번의 작별인사』, 무비 스님이 가려 뽑은 명구 100선 시리즈(전 4권) 등이 있고 편찬하고 번역한 책으로 『화엄경(한글)』(전 10권), 『화엄경(한문)』(전 4권), 『금강경 오가해』 등이 있다.

대방광불화엄경 강설 제27권

| **초판 1쇄 발행**_ 2015년 8월 14일
| **초판 2쇄 발행**_ 2018년 4월 4일

| **지은이**_ 여천 무비(如天 無比)
| **펴낸이**_ 오세룡
| **편집**_ 박성화 손미숙 정선경 이연희
| **기획**_ 최은영
| **디자인**_ 고혜정 김효선 장혜정
| **홍보 마케팅**_ 이주하
| **펴낸곳**_ 담앤북스
서울특별시 종로구 사직로8길 34 (내수동) 경희궁의 아침 3단지 926호
대표전화 02)765-1251 전송 02)764-1251 전자우편 damnbooks@hanmail.net
출판등록 제300-2011-115호
| ISBN 978-89-98946-60-9 04220

정가 14,000원